Johann Christoph Arnold

Wer vergibt, heilt auch sich selbst

HERDER / SPEKTRUM

Band 4702

Das Buch

Wer Haß, Bitterkeit und Wut in sich hineinfrißt, tut sich nichts Gutes. Es ist wie ein Krebs, der weiterwuchert: Wer seelisch verwundet ist, steht in Gefahr, sich zu rächen, zurückzuschlagen, anderen weiteres Leid zuzufügen, einen Teufelskreis zu initiieren. J. Christoph Arnold zeigt: Wer vergibt, heilt auch sich selbst. Wir gehen nicht nur auf einen anderen zu. Es ist auch für uns selber ein Weg zu innerem Frieden und zum Glück. Dieses Buch ist keine Anleitung zum Verzeihen. Denn es ist unmöglich, jemandem zu sagen, wie er verzeihen soll. Er muß es *tun*. Doch es veranschaulicht, warum Verzeihen nötig ist. Daß Verzeihen möglich ist, davon handelt dieses Buch in vielen Beispielen. Arnold erzählt eindrucksvolle Geschichten über die Kraft der Vergebung, selbst unter schwierigsten Umständen: Es sind Geschichten von Kindesentführung darunter, von Mißbrauch durch die eigenen Eltern, von Bombenopfern in Irland, Opfern von Terroranschlägen in Israel, von dem ehemals neunjährigen Mädchen aus Vietnam, das nach 20 Jahren dem amerikanischen Bomberpiloten begegnet, der ihr Dorf ausradiert hat, und ihm vergibt. Aber es gibt auch typisch deutsche Schicksale, von Stasiopfern, von Menschen, die aus ihrer Heimat vertrieben wurden. Das Spannende an diesem Buch: Es bietet keine Theorie, es handelt von der Erfahrung ganz normaler Menschen, in deren Leben Verrat, Mißbrauch, Verbrechen oder Krieg plötzlich einbrachen und Wunden und Narben hinterlassen haben. Diese Wunden wurden durch die Bereitschaft zur Vergebung geheilt. Ein Buch, das wieder leben hilft, auch wenn die Verletzung und der Groll ganz tief waren. „Das Zeugnis tiefempfundener Spiritualität" (Arun Gandhi). „Eine Botschaft, die dringend gebraucht wird, nicht nur in Südafrika, sondern überall in der Welt" (Nelson Mandela). „Kraftvolle Aussagen über die Bedeutung des Verzeihens in der menschlichen Psychologie" (Dr. Paul Brand).

Die Autoren

Johann Christoph Arnold, ein erfahrener Eheberater und Seelsorger: Leiter der internationalen Bruderhofbewegung, die sich einem einfachen, gemeinschaftlichen und gewaltfreien Leben widmet.

Johann Christoph Arnold

Wer vergibt,
heilt auch sich selbst

Geschichten und Erfahrungen

Aus dem Amerikanischen von Christina Kotte
Mit einem Vorwort von Johannes Rau

Herder
Freiburg · Basel · Wien

Gedruckt auf umweltfreundlichem, chlorfrei gebleichtem Papier

2. Auflage

Alle Rechte vorbehalten – Printed in Germany
© The Plough Publishing House, Farmington, Pennsylvania 1997.
Erweiterte deutsche Ausgabe
© für diese Ausgabe: Verlag Herder Freiburg im Breisgau 1998
Herstellung: Freiburger Graphische Betriebe 1999
Umschlaggestaltung: Joseph Pölzelbauer
Umschlagmotiv: © KNA-Bild
ISBN: 3-451-04702-0

Für meine Frau Verena,
ohne deren liebevolle Unterstützung
keines meiner Bücher hätte geschrieben werden können

Inhalt

Danksagung

Es nähme mehr als eine Seite in Anspruch, all jenen Menschen zu danken, die dazu beigetragen haben, daß dieses Buch in Druck geht – Dutzende haben mit daran gearbeitet: von jenen, die den ersten Entwurf abgetippt haben bis hin zu jenen, die das Layout entworfen und den Umschlag gestaltet haben. Ich danke ihnen allen, insbesondere Reuben Zimmerman, meinem Lektor, aber auch Emmy Maria Blough, Hanna Rimes, Ellen Keiderling, Hela Ehrlich, Chris Zimmerman, Emmy Barth, Dan Hallock, Emily Alexander, Clare Stober, Kim Comer und Jutta Manke.

Viele Menschen haben mir wertvolle Anregungen gegeben, während ich an dem Manuskript gearbeitet habe.

Am meisten möchte ich allerdings jenen danken, die es mir erlaubt haben, ihre Geschichten zu erzählen: Ihre Bereitschaft zu teilen hat diesem Buch eine außergewöhnliche persönliche Dimension gegeben, und ich danke ihnen allen dafür.

Für die deutsche Ausgabe dieses Buches sind neue Beiträge geschrieben worden, die auf den besonderen geschichtlichen Hintergrund Deutschlands und auf aktuelle Probleme eingehen. Es sind Erfahrungen, die gleichzeitig eine individuelle und eine politische Dimension haben. Frau Ruth-Alice von Bismarck, Frau Erika Lietz und Herrn Theo Lehmann danke ich für die Offenheit ihres Zeugnisses ebenso wie Herrn Dr. Johannes Rau für seine freundliche Bereitschaft, die deutsche Ausgabe einzuleiten.

Einige der Namen in diesem Buch sind geändert worden, um die Personen, die ihre Geschichten erzählt haben, zu schützen. Wo ein Vorname ohne Nachname erscheint, handelt es sich um ein Pseudonym; alle anderen Namen sind echt.

Vorwort zur deutschen Ausgabe

von Johannes Rau

Es kann zu einem Wagnis werden, ein Vorwort für ein Buch zu schreiben, das nicht aus der eigenen Feder stammt. Stimmt man auf der einen Seite der Argumentation noch aus ganzer Überzeugung zu, so kann es passieren, daß man ihr auf der nächsten Seite genauso leidenschaftlich widersprechen möchte. Ich gestehe gerne, daß ich in diesem Fall nicht in eine solche Verlegenheit gekommen bin: Das Buch von Johann Christoph Arnold rührt an und berührt. Nicht abstrakt-theoretisch, sondern durch konkrete Beispiele nähert er sich dem scheinbar unzeitgemäßen Begriff der Vergebung.

In einer Zeit, die vielfach durch schnellen Konsum und eigensüchtiges Gewinnstreben gekennzeichnet ist, bekommt man hier einen anderen Blick auf die wesentlichsten Fragen des Lebens. So ist das Nachwort wohl an einem der dunkelsten Orte geschrieben, die es auf der Erde gibt: von einem Häftling in einer Todeszelle.

„Vergeben" ist etwas anderes als „Vergessen". Vergebung durchdringt auch Gefängnismauern und Gerichtssäle mit der Botschaft, die uns verheißt: „Der Tod soll nicht mehr sein!" Insofern verfolgt das Buch auch eine politische Absicht. Es ist eine Absage an die Todesstrafe und, wie die anderen Beispiele zeigen, eine Ermutigung zum Frieden und zu mehr Gerechtigkeit.

Johann Christoph Arnold, der nach Blumhardt dem Älteren benannt ist, leitet die christliche Gemeinschaft der Bruderhöfe in Nordamerika und England. Eberhard Arnold, sein Großvater, gründete in den zwanziger Jahren in Deutschland den ersten Bruderhof. Nach ihrer Vertreibung durch die Nationalsozialisten führte sie ihr Weg durch Liechtenstein und

Südamerika in die USA und nach England. Sie verpflichten sich zum Gewaltverzicht und leben in Gütergemeinschaft auf Bruderhöfen.

Auch wenn ich ein Bergischer Reformierter bin und bleibe – mich beeindruckt das christlich-sozialistische Modell nach dem Vorbild der Urgemeinde, das die Apostelgeschichte beschreibt! Auch wenn ich selbst nicht auf einem Bruderhof lebe – mich erfüllt das Beispiel der Christusnachfolge mit Freude, das dort gegeben wird! Christlicher Glaube und gesellschaftliches Handeln sind bei den Freunden und Mitgliedern der Bruderhöfe in einer Weise aufeinander bezogen, die das Leben auf der Erde heller und freundlicher macht. Dazu trägt besonders das Buch von Johann Christoph Arnold bei.

Einführung

Was machen Sie, wenn Ihnen ein Freund eine Schrotflinte in die Hand drückt? Roger fiel es leicht, diese Frage zu beantworten. Er gebrauchte sie ganz einfach. Und er sagt, daß er sie wieder gebrauchen würde, wenn er die Möglichkeit dazu hätte. Rogers ganzes Leben wird von dem unstillbaren Verlangen bestimmt, den Tod seiner Tochter zu rächen.

Sarah war draußen mit ihrem Fahrrad unterwegs, als sie von einem betrunkenen Autofahrer überfahren wurde. Sie starb fast sofort. Es gab keinen Zweifel daran, wer schuld hatte. Der Fahrer – der keinen gültigen Führerschein mehr besaß, weil er schon einmal wegen Trunkenheit am Steuer verurteilt worden war – kam wegen Totschlags hinter Gitter. Aber für Roger war das einfach noch nicht genug. Als der Fahrer aus dem Gefängnis entlassen wurde, lieh er sich ein Gewehr und schoß auf den Mann, in der vollen Absicht, ihn zu töten. Plötzlich hatte sich die Situation umgekehrt, und Roger wurde des versuchten Mordes angeklagt. Wenn man berücksichtigt, daß er jemanden vorsätzlich umbringen wollte, so ist es erstaunlich, daß er freigesprochen wurde. Die Geschworenen fanden den Fahrer – der niemals auch nur das geringste Anzeichen von Reue hatte erkennen lassen – so abstoßend, daß sie den Vater einstimmig für „nicht schuldig" befanden. Aber obwohl er einer langen Gefängnisstrafe entgangen war, war Roger noch immer nicht zufrieden.

Als ich mit ihm und seiner Frau Cathy sprach, kreiste ihr Denken allein darum, wie sie sich am Mörder von Sarah rächen könnten. Ich fragte Roger, ob es ihm Genugtuung bereitet habe, als er auf den Abzug gedrückt und gesehen habe, wie der Mann von einer Salve Eisenkugeln getroffen wurde und voller Schmerz zusammenbrach. Nein, sagte er. Erst wenn er ihn getötet habe, würde es ihm besser gehen. Ich fragte Cathy, wie sie darüber dachte. „Ich könnte niemals zufrieden sein, wenn Roger ihn töten würde", sagte sie, „weil das bedeuten würde, daß nicht ich ihn getötet hätte. Ich muß selber auf den Abzug drücken. Ich muß ihn tot sehen und wissen, daß ich dafür verantwortlich bin."

Als ich mit den beiden in ihrem Wohnzimmer saß, war ich vollkommen überwältigt von ihrer tiefen Trauer. Ich kann mir das volle Ausmaß ihrer Qual nicht vorstellen. Zweifellos war der Gerechtigkeit nicht Genüge getan worden, als dem Mann, der Sarah getötet hatte, nur eine geringe Strafe auferlegt worden war. Ich war zutiefst schockiert, daß er so kalt, abgebrüht und egozentrisch war und kein bißchen Reue zeigte.

Noch trauriger stimmte mich es aber, mitanzusehen, wie das unaufhörliche Festklammern am Tode ihrer Tochter ihre Verzweiflung nur noch verstärkte. Der Tod ihrer Tochter muß für sie die Hölle gewesen sein. Aber mir schien es, daß ihre Unfähigkeit zu vergeben und loszulassen eine neue Hölle für sie war. Von Tag zu Tag fraßen sich Haß und Verbitterung weiter in sie hinein und breiteten sich wie ein Geschwür in ihrem Körper aus. War dies wirklich das, was Sarah ihren Eltern gewünscht hätte – diese Hölle auf Erden, die das Leben ihrer Eltern zerstörte, die aber keinen Einfluß auf das Leben jenes Mannes hatte, der sie getötet hatte?

Gibt es irgendeine Möglichkeit, daß Menschen wie Roger und Cathy lernen können zu vergeben? Können sie sich jemals von der Verbitterung befreien, die sie quält? In *Wer vergibt, heilt auch sich selbst* versucht Christoph Arnold, Antworten auf einige dieser Fragen zu finden. Das Buch ist voller Geschichten von Menschen, die allen Widerständen zum Trotz die Kraft gefunden haben, jenen zu vergeben, die ihnen Unrecht getan haben, und die auf diese Weise Frieden schließen konnten: gewöhnliche Männer und Frauen wie

Gordon Wilson, dessen Tochter von einer IRA-Bombe in Enniskillen getötet wurde, und Phan Thi Kim Phuc, deren Foto als verbrannte, nackte Neunjährige inmitten der Verwüstungen des Vietnam-Kriegs durch die Weltpresse ging. Es enthält ferner Geschichten vom Vergeben, die alltäglicher sind: Ehepaare, die sich zerstritten haben, Ehepartner, die Ehebruch begangen haben, Erwachsene, die in ihrer Kindheit mißbraucht worden sind.

Christoph erzählt diese Geschichten mit großer Anteilnahme und ohne zu urteilen. Sie sind anrührend und von einzigartiger Kraft, und niemand, der sie gelesen hat, wird jemals wieder so sein wie früher. Sie fordern uns dazu heraus, eine Seite in uns zu erforschen, die uns möglicherweise zerstören kann, wenn wir sie nicht einer Prüfung unterziehen. Aber sie zeigen auch einen Weg auf, wie man den tragischen Kreislauf von Verbitterung und Haß durchbrechen kann. Dieses Buch hat eine lebenswichtige Botschaft für all jene unter uns, denen es schwer fällt, anderen oder, wie es so oft vorkommt, sich selbst zu vergeben.

Aber sehen Sie selbst. Lesen Sie weiter ...

Steve Chalke,
London 1997

Einleitung
Kann man solch einem Mann vergeben?

> Es gibt ein strenges Gesetz ... daß, wenn
> uns eine tiefe Verletzung zugefügt wurde,
> wir uns erst dann davon erholen, wenn
> wir verzeihen.
>
> *Alan Paton*

*E*ines Morgens im September 1995 saß ich da, trank Kaffee und las den Lokalteil der Zeitung. Ich war entsetzt über die Schlagzeilen, die von einem siebenjährigen Mädchen berichteten, das bei hellichtem Tag entführt worden war. Die nächsten Tage über verfolgte ich die Geschichte genau.

Innerhalb einer Woche fand man das Mädchen in einem Waldstück nur einige hundert Meter entfernt vom Landesgefängnis, vergewaltigt und zu Tode geprügelt. Noch schlimmer: Es stellte sich heraus, daß der Mann, der sich zu der Tat bekannte, ein Bekannter des Kindes war – jemand, dem sie vertraut hatte.

Es war vorauszusehen, wie die Öffentlichkeit reagieren würde: Dieser Mann, so war man sich einig, verdiente den Tod. Er war ein sicherer Kandidat für die Todesstrafe in dem Bundesstaat, der eben erst seine Gesetze geändert hatte, um sie zu ermöglichen. Obwohl der Staatsanwalt versprochen hatte, seine Strafe auf maximal zwanzig Jahre zu beschränken, wenn ihm der Täter Informationen über den Fundort der Leiche des kleinen Mädchens geben würde, brach er sein Versprechen nur wenige Tage später. Er sagte, er hätte sogar einen Pakt mit dem Teufel geschlossen, um das Kind zu finden. Er hoffe, er werde der erste Staatsanwalt in der jüngeren Geschichte von New

York sein, der einen Mörder in die Todeszelle schickt. Mitbürger, die in der Lokalzeitung interviewt wurden, machten sogar den Vorschlag, daß die Behörden ihn freiließen, so daß sie sich selbst „um ihn kümmern könnten".

Diese Wut ist verständlich, doch ich frage mich, wie sie jemals die trauernde Familie des Opfers trösten könnte. Ich hatte eine ziemlich klare Vorstellung davon, wie ich mich als Pater verhalten sollte: Ich richtete es so ein, daß Mitglieder meiner Gemeinde zur Beerdigung gingen, und ich schickte den Eltern des Kindes Blumen. Ohne Erfolg versuchte ich, die Familie zu besuchen. Aber das Herz war mir noch immer schwer. Irgendwie wußte ich, daß ich den Mörder besuchen mußte – zu diesem Zeitpunkt noch ein namenloses Monster –, um ihn persönlich mit der Grausamkeit seiner Tat zu konfrontieren und um ihn zu dem Punkt zu begleiten, an dem er aufrichtig bereuen würde, was er getan hatte.

Ich wußte, daß die Leute komische Gesichter machen würden, wenn ich ihn besuchen ginge, wenn sie es nicht gar völlig mißverstehen würden, aber ich war überzeugt davon, daß es meine Pflicht war. Einige Monate später fand ich mich also im Bezirksgefängnis wieder und saß dem Mörder, der nicht einmal Handschellen trug, gegenüber. Die Stunden, die ich in der Zelle verbrachte, wühlten mich tief auf, und ich verließ sie mit vielen ungelösten Fragen – Fragen, die in der Tat letztlich dazu führten, daß ich dieses Buch zu schreiben begann. Warum sollte ich, oder sonst jemand, diesem Mann vergeben? Was würde sich dadurch ändern? Könnte ich ihm vergeben, wenn er keinerlei Anzeichen von Reue zeigte? Und selbst wenn er das täte, hätte ich das Recht, ihm zu vergeben, wo er mir selbst doch gar nichts getan hatte?

Knapp drei Monate nach meinem Besuch begegnete der Mörder endlich der Familie des Opfers. Der Gerichtssaal war voller Menschen. Jeder, der den Saal betrat, spürte sofort die feindselige Atmosphäre. An die Urteilsverkündung – lebenslängliche Haftstrafe ohne Bewährung – schloß sich eine Ansprache des Richters an: „Ich hoffe, daß die Hölle, die das Gefängnis für Sie sein wird, nur ein Vorgeschmack auf die Hölle ist, die Ihnen in der Ewigkeit bevorsteht." Dem Angeklagten wurde dann die Möglichkeit gegeben, sich zu äußern. Mit lauter, schwankender Stimme sagte er zu den Eltern des Kindes, daß es ihm „aufrichtig leid" tue, daß er so viel Leid angerichtet habe – und daß er jeden Tag um Vergebung bete. Als die Menge wütend zu zischeln begann, stellte ich mir die schwierigste aller Fragen: Kann man solch einem Mann trotzdem vergeben?

Kapitel 1

Der Teufelskreis von Verbitterung und Groll

> Jeder, der sich zur Rache entschließt,
> sollte zwei Gräber graben.
>
> *Chinesisches Sprichwort*

Vergeben ist der Weg zu Frieden und Glück. Es ist ein Geheimnis, das uns verborgen bleiben wird, solange wir uns nicht auf die Suche danach begeben. Dieses Buch möchte kein praktischer Ratgeber für Vergebung sein – es ist unmöglich, jemandem beizubringen, wie er vergeben soll –, aber ich hoffe, daß mein Buch zeigen kann, warum wir Vergebung brauchen.

Vergeben ist möglich. Die Geschichten in diesem Buch verdeutlichen, wie Menschen gelernt haben zu verzeihen, und zwar selbst dann, wenn die Umstände sehr schwierig waren. Ich hoffe, daß ich sie zur Tür des Vergebens führen kann, indem ich diese Geschichten wiedergebe. Wenn Sie dann vor der Tür stehen, können nur Sie allein sie öffnen.

Was bedeutet Vergeben eigentlich genau? C. S. Lewis sagte einmal, Vergeben gehe weiter als menschliche Gerechtigkeit; es bedeute, Dinge zu entschuldigen, die ganz und gar nicht einfach zu entschuldigen sind.[1] Wenn wir jemandem verzeihen, so sagen wir „Schwamm drüber" und sinnen nicht auf Strafe. Wenn wir vergeben, dann verzeihen wir nicht nur ein Vergehen oder eine absichtlich böse Tat, sondern wir nehmen den verantwortlichen Menschen so an, wie er ist, und versuchen, ihn zu rehabilitieren und wiederherzustellen. Mag sein, daß unser Verzeihen nicht immer angenommen wird, aber wenn wir einmal unsere Hand ausgestreckt haben, dann befreien wir uns von dem Groll, den wir zuvor gegen den Menschen gehegt haben. Vielleicht werden wir weiterhin tief verletzt sein, aber wir werden unsere verletzten Gefühle nicht benutzen, um anderen mehr Schmerz zuzufügen.

Wenn wir uns immer wieder negative Dinge ins Gedächtnis zurückrufen, um penibel darüber Buch zu führen, wie sehr uns eine andere Person geschadet hat, so resultiert daraus nur Verbitterung. Egal, ob der Grund dieser Verbitterung real oder eingebildet ist: es läuft auf dasselbe hinaus. Wenn sie einmal da ist, so wird sie uns langsam zerfressen, bis sie alles andere um uns herum angreift und schließlich alles zerstört.

Wir alle kennen verbitterte Menschen. Sie haben ein erstaunliches Gedächtnis selbst für winzige Details, und sie suhlen sich in Selbstmitleid und Groll. Sie katalogisieren jedes Unrecht, das ihnen zugefügt wurde, und sind jederzeit bereit, anderen zu zeigen, wie sehr sie verletzt worden sind. Von außen mögen sie ruhig und beherrscht wirken, aber innerlich bersten sie fast vor angestautem Haß.

Diese Leute verteidigen ständig ihre Entrüstung: Sie haben das Gefühl, daß sie zu tief und zu oft verletzt worden sind und daß dies sie irgendwie von der Notwendigkeit ausnimmt, anderen zu verzeihen. Aber es sind genau diese Menschen, die vor allen anderen vergeben müssen. Ihre Herzen sind manchmal so voller Bitterkeit, daß sie die Fähigkeit zu lieben verloren haben.

Vor fast zwanzig Jahren haben mein Vater und ich ein langes Gespräch mit solch einer Frau geführt und versucht, ihr zu helfen. Ihr Ehemann lag im Sterben, aber sie war so kalt und gefühllos wie ein Eisblock. In den Augen der Welt hatte sie ein makelloses Leben geführt: Sie war ordentlich und sorgfältig, arbeitete viel, war aufrichtig, kompetent und zuverlässig – aber sie war unfähig zu lieben. Nach Monaten des Kampfes trat die wahre Ursache ihrer Kälte zutage: sie konnte nicht verzeihen. Sie konnte keine einzige große Verletzung benennen, aber sie wurde niedergedrückt von dem Gewicht eines lange angestauten Grolls.

Verbitterung ist mehr als nur eine negative Sichtweise auf

das Leben. Sie ist zerstörerisch, nicht nur anderen, sondern auch sich selbst gegenüber. Wenn man absichtlich am Groll, den man einem Menschen gegenüber empfindet, festhält, so hat das katastrophale Auswirkungen auf unsere Seele. Dem Bösen werden Tür und Tor geöffnet, und wir werden anfällig für Rachegedanken, Haß und sogar Mord. Groll zerstört unsere Seelen, und er kann auch unsere Körper zerstören. Wir wissen, daß Streß die Ursache für Magengeschwüre oder Migräne sein kann, aber oft sehen wir die Verbindung nicht, die z. B. zwischen Verbitterung und Schlaflosigkeit besteht. Mediziner haben sogar eine Verbindung zwischen angestauter Wut und einem Herzinfarkt nachgewiesen. Es scheint, als ob Menschen, die ihre Wut in sich hineinfressen, viel anfälliger für Krankheiten sind als solche, die ihre negativen Gefühle ausleben, indem sie ihren Emotionen freien Lauf lassen.

Vor nicht allzu langer Zeit wurde ich gebeten, einer jungen Frau namens Brenda zu helfen, die von ihrem Onkel sexuell mißbraucht worden war. Obwohl sie zweifellos das unschuldige Opfer eines ganz niederträchtigen Mannes war, schien ihr Leid zumindest teilweise von ihr selbst vervielfacht zu werden. Sie wollte und konnte nicht genügend innere Stärke aufbringen, um zu vergeben.

Sie hatte jahrelang geschwiegen, aus Angst, bloßgestellt zu werden, auch wegen ihres Alkoholismus, den ihr Onkel unterstützte, indem er ihr jeden Tag Wodka schenkte. Jetzt wandte sich Brenda voller Verzweiflung an mich. Ihr war intensive psychotherapeutische Behandlung angeboten worden, und sie hatte jeden materiellen Komfort, den man sich nur wünschen kann. Sie hatte einen guten Job und einen großen Freundeskreis, der sie unterstützte. Man hatte wirklich alles versucht, um sie wieder auf die Beine zu bekommen. Trotzdem schwankten ihre Stimmungen extrem: mal lachte sie aufgeregt, dann wieder weinte sie bitterlich. Einen Tag stopfte sie sich mit Essen voll, und am nächsten Tag fastete sie und nahm Abführmittel. Und sie trank – Flasche um Flasche.

Brenda war vielleicht einer der schwierigsten Menschen, denen ich jemals zu helfen versucht habe. Ich war unglaublich vorsichtig, ihr nicht auch nur einen Augenblick das Gefühl zu geben, sie trage irgendeine Schuld an dem, was passiert war, aber es war mir völlig klar, daß nur sie allein den Heilungsprozeß einleiten konnte. Wenn sie es nicht lernte, ihrem Onkel, der sie mißbraucht hatte, zu vergeben, würde sie sein Opfer bleiben. Es ist traurig, aber all unsere Hilfe war umsonst. Wütend und verwirrt verstrickte sie sich immer mehr in ihrer Verzweiflung, und schließlich, nachdem sie versucht hatte, sich zu erhängen, mußte sie in eine geschlossene Anstalt eingewiesen werden.

Die Wunden, die sexueller Mißbrauch einem Menschen zufügt, brauchen Jahre, um zu heilen; oft bleiben dauerhafte Narben zurück. Doch sie müssen nicht in lebenslanger Verzweiflung oder im Selbstmord enden. Ich kenne andere Fälle, wo die Opfer Freiheit und ein neues Leben gefunden haben, indem sie den Menschen vergeben, die sie mißbraucht haben, aber auch jenen, die es zugelassen haben, daß der Mißbrauch fortgesetzt wurde oder jenen, die nicht rechtzeitig genug erkannt haben, was vor sich ging. Das bedeutet nicht, daß die Opfer vergessen oder stillschweigend das Unrecht verdrängen – wahrscheinlich bedeutet es auch nicht, dem früheren Täter von Angesicht zu Angesicht gegenüberzutreten, wovon ich vielleicht eher abraten würde. Aber es bedeutet, eine bewußte Entscheidung zu treffen: daß man den Haß aufgeben möchte, weil Haß niemals weiterhelfen kann. Haß kann sich nur wie ein Krebsgeschwür in einem Menschen ausbreiten, bis er ihn schließlich ganz zerstört.

Vor einigen Monaten traf ich Anne Coleman, eine Mutter aus Delaware, die mir erzählte, was mit ihrem Sohn Daniel passiert war, der nicht vergeben konnte:

Als meine Tochter Frances 1985 ermordet wurde, war ich vollkommen am Boden zerstört. Meine Nichte aus Los Angeles rief mich an und sagte: „Frances ist tot; sie wurde erschossen."

Ich kann mich nicht daran erinnern, laut geschrien zu haben, aber das muß ich wohl getan haben. Ich machte mich sofort reisefertig, um nach Kalifornien zu fliegen, und als ich im Flugzeug saß, da dachte ich wirklich, ich könnte jemanden umbringen: Wenn ich eine Waffe gehabt hätte und den Mörder gekannt hätte, dann hätte ich wahrscheinlich genau das getan.

Als ich dann aus dem Flugzeug stieg, machte ich mir Gedanken darüber, wie ich meinen Sohn Daniel begrüßen sollte, der von Hawaii eingeflogen kam. Daniel war Berufssoldat und dazu ausgebildet zu töten.

Als wir am nächsten Morgen auf die Polizeiwache kamen, war das einzige, was man uns dort mitteilen konnte, daß unsere Tochter tot sei und daß alles andere uns nichts anginge. Dies war das einzige, was wir auch in den nachfolgenden Tagen, die wir noch in Los Angeles blieben, zu hören bekamen. Der Beamte, der die Untersuchung des Mordes leitete, sagte mir, daß ich mit keiner erfolgreichen Aufklärung des Verbrechens rechnen solle, falls sie nach vier Tagen noch niemand festgenommen hätten: „Es werden einfach zu viele Menschen in dieser Gegend umgebracht – wir beschäftigen uns mit jedem Fall nur vier Tage."

Das machte meinen Sohn Daniel sehr wütend. Als er hörte, daß die Mordkommission wirklich nicht daran interessiert war, den Täter zu finden, wollte er sich ein Schnellfeuergewehr kaufen und die Leute damit niedermähen.

Sie hatten uns nicht darauf vorbereitet, was wir sahen, als wir ihr Auto vom Abstellplatz abholten. Frances war in ihrem Auto verblutet. Die Kugeln waren durch ihre Aorta, ihr Herz und beide Lungen gedrungen. Sie war an ihrem eigenen Blut erstickt. Sie war früh am Sonntag morgen gestorben, und wir holten ihr Auto am späten Dienstagnachmittag ab. Das Auto stank schrecklich. Diesen Geruch hat Daniel niemals vergessen, und er wollte sich auf die schlimmste Weise rächen. Er wollte so sehr, daß jemand etwas gegen das geschehene Unrecht unternahm – er wollte irgendeine Form von Gerechtigkeit für seine Schwester.

In den nächsten zweieinhalb Jahren sah ich, wie es mit Daniel bergab ging. Und dann stand ich neben dem Grab seiner Schwester, um zuzusehen, wie sein eigener Sarg in die Erde hinabgelassen wurde. Er hatte sich am Ende gerächt – an sich selbst. Ich habe mit eigenen Augen gesehen, wohin Haß führt: Er zerstört den Geist und den Körper des Menschen.

Kapitel 2
Wie man Haß durch Liebe überwindet

Die Geschichte sagt: *Hoffe nie*
Diesseits des Grabes. Doch Mut:
Einmal im Leben kann sie,
Die lang ersehnte Flut
Der Gerechtigkeit, doch steigen,
Geschichte Hoffnung zeugen.

So hoff auf die Gezeitenwende,
Auf aller Rachsucht Ende,
Glaub, daß die grauen Wellen
Doch zu durchqueren sind.
Glaub also an Wunder, Kind,
An Heil- und Hoffnungsquellen.

Seamus Heaney, „Die Heilung zu Troja"

Gordon Wilson hielt die Hand seiner Tochter, als sie unter einem Berg von Kieselsteinen begraben wurden. Das war im Jahre 1987. Er und Marie hatten einem friedlichen Gedenkgottesdienst in Enniskillen, Nordirland, beigewohnt, als eine Bombe der Terroristen explodierte. Am Ende des Tages waren Marie und neun weitere Zivilisten tot, und 63 Menschen waren mit Verletzungen ins Krankenhaus eingeliefert worden.

Es ist erstaunlich, daß sich Gordon weigert, Vergeltung zu üben. Er glaubt, daß Haß und Wut weder seine Tochter wieder lebendig machen noch Frieden nach Belfast bringen werden. Nur Stunden nach dem Bombenanschlag sagte er zu Reportern der BBC:

Ich habe meine Tochter verloren, und ich werde sie vermissen. Aber ich habe keine Rachegelüste. Ich hege keinen Groll ... Das wird meine Tochter auch nicht wieder lebendig machen ... fragen Sie mich bitte nicht nach dem Sinn ... Ich weiß darauf keine Antwort. Aber ich weiß, es muß einen Plan geben. Wenn ich das nicht glaubte, dann würde ich mich umbringen. Es ist Teil eines größeren Plans ... und wir werden uns wiedersehen.[2]

Gordon sagte später, daß seine Worte nicht als theologische Antwort auf den Tod seiner Tochter gemeint gewesen seien. Sie waren spontan aus einem tiefen Gefühl heraus gesprochen. In den Tagen und Monaten nach dem Bombenanschlag bemühte er sich, seinen Worten treu zu bleiben. Es war nicht einfach, aber sie waren etwas, an dem er sich festhalten konnte, etwas, das ihn durch die dunklen Stunden trug. Er wußte, daß die Terroristen, die das Leben seiner Tochter vernichtet hatten, nicht das geringste Anzeichen von Reue zeigten, und er war der Meinung, daß sie bestraft und ins Gefängnis geschickt werden sollten. Trotzdem wurde er aufgrund seiner Weigerung, sich zu rächen, von vielen mißverstanden und lächerlich gemacht.

Diejenigen, die für diese Tat verantwortlich zu machen sind, müssen sich vor Gott rechtfertigen. Das hat nichts damit zu tun, daß ich ihnen vergeben habe ... Es wäre falsch, wenn ich den Eindruck erweckt habe, daß bewaffnete Männer und Bombenleger frei herumlaufen sollten. Aber ... egal, ob sie hier auf Erden vor einem Gericht verurteilt werden ... ich tue das mir mögliche, um zu verzeihen ... Das letzte Wort hat indes Gott.[3]

Dadurch, daß Gordon den Tätern vergeben hat, konnte er mit dem plötzlichen Tod seiner Tochter fertigwerden, und seine Worte zogen Kreise. Zumindest für eine Zeitlang durchbrachen sie den Kreislauf von Töten und Rache: Die protestantische paramilitärische Führerriege zeigte sich so beeindruckt von seinem Mut, daß sie keine Rache nahm.

Selbst wenn wir die Notwendigkeit des Vergebens erkennen, sind wir manchmal versucht zu behaupten, daß wir nicht vergeben können. Es ist einfach zu anstrengend, zu schwierig; vielleicht etwas für Heilige, aber nichts für ganz normale Menschen. Wir glauben, daß wir zu oft verletzt worden sind, daß unsere Sichtweise der Dinge verzerrt dargestellt worden ist oder daß wir nicht verstanden worden sind.

Viele Amerikaner waren tief berührt von der Geschichte von Steven McDonald, aber nur wenige Menschen scheinen seinen Akt des Vergebens als etwas anderes als ein Wunder an Willensstärke verstehen zu können. Als New Yorker Polizeibeamter wurde Steven angeschossen, während er drei Jugendliche im Central Park verhörte. Als Folge davon ist er seitdem vom Hals abwärts gelähmt. Er war erst seit knapp einem Jahr verheiratet, und seine Frau war im zweiten Monat schwanger.

Shavod Jones, der Mann, der Steven angegriffen hatte, kam aus einer Wohnsiedlung in Harlem; Steven wohnte dagegen in dem überwiegend von Weißen bewohnten reichen Bezirk Nassau. Ihr kurzes Aufeinandertreffen hätte mit Gefängnis für den einen und einem Leben voller Bitterkeit für den anderen enden können. Aber noch bevor Shavod aus dem Gefängnis entlassen wurde, begann Steven, mit ihm Kontakt aufzunehmen, um zu versuchen, „Frieden und Sinn" in das Leben des jungen Mannes zu bringen. Er schreibt:

Warum wollte er mich bloß erschießen – dieser Gedanke ging mir nie ganz aus dem Kopf, als ich im Krankenhaus lag und an die Decke starrte. Ich war verwirrt, aber ich stellte fest, daß ich ihn nicht hassen konnte, sondern nur die Umstände, die ihn an diesem Nachmittag zum Central Park geführt hatten, mit einer Waffe in seiner Hose.

Ich war für den Kleinen so eine Art Symbol, eine Uniform, die die Regierung verkörperte. Ich verkörperte das System, das es zuließ, daß Vermieter Geld für heruntergekommene Wohnungen in vernachlässigten Mietshäusern verlangen durften; ich war die Stadtverwaltung, die arme Wohngegenden instand setzte und damit die ursprünglichen Bewohner vertrieb, egal, ob sie gesetzestreue, brave Bürger waren oder Drogensüchtige und Kriminelle; ich war der irische Polizist, der wegen eines Familienstreits alarmiert wurde, aber ohne etwas getan zu haben wieder wegging, weil gegen kein Gesetz verstoßen worden war.

Für Shavod Jones war ich der Sündenbock, der Feind. Er sah mich nicht als Individuum, als Mann mit Angehörigen, als Ehemann und zukünftigen Vater. Er war dem Polizisten-Mythos seiner Gemeinde aufgesessen: Die Polizei ist rassistisch, sie wendet Gewalt an, also rüste dich gegen sie. Nein, ich konnte Jones nicht die Schuld geben. Die Gesellschaft – seine Familie, die sozialen Einrichtungen, die für ihn verantwortlich waren, die Leute, die es unmöglich gemacht hatten, daß seine Eltern zusammensein konnten – hatte versagt, lange bevor Shavod Jones mit Steven McDonald im Central Park zusammenstieß ...

Manchmal, wenn es mir nicht so gut geht, dann kann ich richtig wütend sein. Aber ich glaube, daß Wut ein nutzloses Gefühl ist ... Manchmal bin ich auf den Jugendlichen, der mich angeschossen hat, wütend. Aber öfter noch tut er mir leid. Ich hoffe bloß, daß er sein Leben so ändern kann, daß er Leuten helfen und sie nicht mehr verletzen wird. Ich verzeihe ihm und hoffe, daß er Frieden und einen Sinn für sein Leben finden wird.[4]

Zunächst reagierte Shavod nicht auf die Briefe, und als er es schließlich doch tat, verlor sich der Kontakt, weil Steven es ablehnte, Shavods Gesuch auf Bewährung zu unterstützen. Dann, Ende 1995, nur drei Tage nach seiner Entlassung aus dem Gefängnis, starb Shavod bei einem Motorradunfall auf der Madison Avenue.

Als ich Steven vor einigen Monaten in seinem Zuhause auf Long Island besuchte, fiel mir sofort seine sanfte Art und seine leuchtenden Augen auf – und das Ausmaß seiner Behinderung. Es ist schon für einen älteren Menschen schwer genug, das Leben in einem Rollstuhl zu akzeptieren, aber im Alter von neunundzwanzig Jahren so plötzlich aus einem aktiven Leben herausgerissen zu werden, ist noch viel schwerer zu verkraften. Hinzu kommt, daß Steven einen Luftröhrenschnitt bekam, damit er atmen kann. Er hat einen zehnjährigen Sohn, den er noch niemals hat umarmen können. Aber ich konnte keine Wut, keine Bitterkeit an ihm bemerken.

Ruhig, aber bestimmt, schüttete er mir sein Herz aus und erklärte, wie er nach der Schießerei sein Leben als Ganzes neu bewerten mußte:

> Am Anfang eröffnete mir das Vergeben einen Weg, um weiterzuleben, den schrecklichen Unfall hinter mir zu lassen. Aber später erkannte ich, daß ich ein selbstbezogenes Leben geführt hatte und selbst Vergebung nötig hatte. So einfach war das.

Steven hat Sinn und Bedeutung darin gefunden, daß er Vergebung lehrt. Er spricht regelmäßig vor Grundschulklassen, in Oberschulen und auf Abschlußfeiern der Universität. Er sieht seine Arbeit als eine von Gott gegebene Aufgabe an.

Elf Jahre nach der Schießerei steht Stevens Ehefrau Patti ihm noch immer treu zur Seite. Tagtäglich kämpfen sie mit der Realität seiner Behinderung und deren Auswirkungen auf ihre Ehe. Steven muß oft gegen Mutlosigkeit ankämpfen und hat sich zeitweise sogar mit dem Gedanken getragen, Selbstmord zu begehen. Aber als ich ihn fragte, ob Vergebung selbst ein Kampf sei, da antwortete er nein – es sei ein Geschenk.

Es kann nicht einfach sein zu vergeben, wenn man so schwer verletzt wurde. Aber selbst in der schlimmsten Situation haben wir die Wahl: zu lieben oder zu hassen, jemandem zu vergeben oder ihn zu verteufeln, Aussöhnung zu suchen oder auf Rache zu sinnen. Steven hätte verbittert werden können, aber weil er den Weg des Friedens und der Versöhnung gewählt hatte, beeinflußt er bis auf den heutigen Tag das Leben vieler Menschen.

Für ihn ist Martin Luther King jr. ein Held. Während unseres Besuches bat er seine Pflegerin, ihm eine Zitatensammlung des Bürgerrechtlers vorzulegen, aus der er eine seiner liebsten Zeilen vorlas: „Vergeben ist nichts, was man von Zeit zu Zeit tut. Es ist eine grundsätzliche Haltung."[5]

Chris Carrier vergab einem Mann, dem die meisten von uns den Tod wünschen würden. Als er zehn Jahre alt war, wurde er von einem früheren Angestellten seines Vaters in Miami entführt und mißhandelt. In den Florida Everglades wurde er schwerverletzt ausgesetzt. Er schreibt:

Freitag, der 20. Dezember 1974, war kein gewöhnlicher Tag. Es war der letzte Schultag vor den Weihnachtsferien, und wir konnten früh nach Hause gehen.

Ich stieg um viertel nach eins aus dem Bus und ging in Richtung meines Elternhauses. Ein etwas älter aussehender Mann, der mir auf dem Gehsteig entgegenkam, schien mich zu erkennen. Nur zwei Häuser vor dem Haus meines Vaters stellte er sich mir als ein Freund meines Vaters vor. Er sagte, daß er eine Party für meinen Vater geben möchte und fragte mich, ob ich ihm bei der Dekoration helfen wolle.

Ich sagte ja und ging mit ihm die Straße wieder hinunter bis zum Jugendzentrum, wo er sein Wohnmobil abgestellt hatte. Als ich dann im Auto saß, legte ich meinen Ranzen ab und machte es mir bequem.

Die Gegenden von Miami, die ich kannte, verschwanden schnell, als er Richtung Norden fuhr. In einer Gegend fernab des Vorstadtverkehrs hielt er an der Straße an. Er gab vor, eine Abfahrt verpaßt zu haben. Er gab mir eine Karte in die Hand und die Anweisung, nach einer bestimmten Nummer zu suchen, während er im hinteren Teil des Wohnmobils verschwand, „um irgend etwas zu suchen".

Während ich die Straßenkarte studierte und wartete, fühlte ich plötzlich einen Stich in der Schulter und dann noch einen. Ich drehte mich um und sah ihn hinter mir mit einem Eispickel in der Hand stehen. Dann zog er mich von meinem Sitz herunter auf den Boden. Über mich gekniet stach er mir mehrere Male in die Brust. Ich bettelte, er möge aufhören und versprach ihm, daß ich nichts verraten würde, wenn er mich gehen ließ.

Ich war über alle Maßen erleichtert, als er aufstand. Er sagte mir, daß er mich irgendwo rauslassen und danach meinen Vater anrufen würde, um ihm zu sagen, wo ich war. Er erlaubte es mir, hinten im Wohnmobil zu sitzen, während er fuhr. Aber mir war schmerzhaft bewußt, daß diese Situation außerhalb meiner Kontrolle lag. Als ich ihn fragte, wieso er mir das antue, antwortete er mir, daß „mein Vater ihn eine Stange Geld gekostet habe".

Nachdem wir nochmal ungefähr eine Stunde lang gefahren waren, bog er in eine staubige Seitenstraße ein. Er sagte mir, dies sei der Ort, an dem mein Vater mich abholen würde. Wir gingen zusammen in das Waldstück, und er befahl mir, mich an eine bestimmte Stelle zu setzen. Als letztes erinnere ich mich daran, daß er davonging.

Sechs Tage später, am Abend des 26. Dezember, wurde Chris von einem Jäger der Gegend gefunden. Sein Kopf war blutverschmiert und seine Augen schwarz. Er war von einer Kugel in den Kopf getroffen worden. Jemand hatte ihm eine Kugel in den Kopf geschossen. Wie durch ein Wunder trug er keine Hirnschäden davon, aber er konnte sich nicht daran erinnern, daß auf ihn geschossen worden war.

In den folgenden Monaten kämpfte er täglich mit dem Wissen, daß sein Entführer noch immer auf freiem Fuß war. Er mußte sich auch mit den körperlichen Einschränkungen, die durch seine Wunden verursacht waren, auseinandersetzen: Er war nun auf einem Auge blind und konnte an vielen Sportarten nicht mehr teilnehmen. Und wie jeder Teenager sorgte er sich um sein Aussehen.

Chris mochte es nicht, wenn man sein Überleben in der Öffentlichkeit erwähnte. Er erinnert sich noch daran, wie er sich fragte, warum er sich trotz des „Wunders" seines Überlebens so schlecht fühlte. Erstaunlicherweise vollzog sich eine Wandlung, als er dreizehn Jahre alt war. Er begann, seinen Alptraum mit anderen Augen zu sehen. Er erkannte, daß seine Verletzungen noch viel schlimmer hätten ausfallen können – er hätte sterben können. Er erkannte auch, daß er nicht immer wütend bleiben konnte. Er beschloß, Feindseligkeit, Rache und Selbstmitleid für immer den Rücken zu kehren.

Dann, am 3. September 1996, erhielt Chris einen Telephonanruf, der sein Leben noch einmal veränderte. Ein Detektiv des Coral Gables Polizeipräsidiums rief ihn zu Hause an, um ihm mitzuteilen, daß sich ein Mann namens David McAllister zu der Entführung bekannt hatte. David hatte als Pfleger für einen älteren Onkel in Chris' Familie gearbeitet. Er war aufgrund seiner Alkoholprobleme entlassen worden. Chris besuchte David am nächsten Tag.

Als ich ihn an diesem Nachmittag besuchte, fühlte ich grenzenloses Mitleid mit dem Mann. David McAllister war nicht mehr der einschüchternde Entführer. Er war statt dessen ein schwacher, siebenundsiebzigjähriger Mann, der kaum mehr als sechzig Pfund wog. Grüner Star hatte ihn erblinden lassen, und sein Körper war vom Alkohol und vom Rauchen ruiniert. Er hatte keine Familie und keine Freunde. Er war ein Mann, der dem Tod ins Auge blickte, und er war allein mit seiner Reue.

Als ich das erste Mal mit David sprach, war er ziemlich gefühlskalt. Ich glaube, er dachte, ich wäre ein weiterer Polizist. Ein Freund, der mich begleitete, war so klug, ihm einige einfache Fragen zu stellen, die schließlich dazu führten, daß der Mann die Entführung zugab. Mein Freund fragte dann: „Haben Sie sich jemals gewünscht, daß Sie dem kleinen Jungen sagen könnten, es würde Ihnen leid tun, was Sie getan haben?" David antwortetet nachdrücklich: „Ich wünschte, ich könnte das tun."

Das war der Punkt, an dem ich mich ihm zu erkennen gab. Ohne sehen zu können, griff er nach meiner Hand und sagte mir, daß es ihm leid täte, was er mir angetan hat. Im Gegenzug bot ich ihm an, ihm zu vergeben und sein Freund zu werden.

Chris sagt, daß es nicht schwierig für ihn war zu vergeben, aber die Medien verstehen immer noch nicht, warum oder wie er das geschafft hat. Sie bewunderten seine Fähigkeit zu verzeihen, aber konnten nicht verstehen, was ihn dazu antrieb. Sie reagierten jedesmal völlig ratlos, sobald das Thema Vergebung zur Sprache kam; es hatte den Anschein, als ob sie sich lieber mit dem Drama seiner Entführung und den Details seiner Qualen beschäftigen wollten. Aber Chris schreibt:

Es gibt einen sehr pragmatischen Grund, warum man vergeben sollte. Wenn uns Unrecht getan wurde, dann können wir entweder mit Rache oder mit Vergebung darauf reagieren. Wenn wir Rache wählen, dann wird Wut unser Leben auffressen. Wenn man Rache geübt hat, dann fühlt man sich hinterher leer. Wut ist ein Impuls, den man nur schwer befriedigen kann, und sie kann zur Gewohnheit werden. Aber Vergeben ermöglicht es uns weiterzugehen.

Es gibt noch einen weiteren, vielleicht wichtigeren Grund zu verzeihen. Vergeben ist ein Geschenk – es bedeutet Gnade. Es ist ein Geschenk, das ich ebenso empfangen wie verschenkt habe. In beiden Fällen war es eine vollkommen bereichernde Erfahrung.

In den Tagen, die diesem dramatischen Treffen folgten, begann Chris, David so oft er nur konnte zu besuchen, meistens zusammen mit seiner Frau und seinen beiden Töchtern. Die beiden Männer redeten stundenlang, und mit der Zeit schmolz die eisige Kälte des alten Mannes dahin. Dann, eines Abends drei Wochen später, nur Stunden nachdem Chris seinen kranken Freund ins Bett gebracht hatte, starb David.

Die Geschichten von Gordon, Chris und Steven verdeutlichen, vielleicht besser als alle anderen in diesem Buch, wie widersprüchlich das Geheimnis ist, das wir „Vergebung" nennen. Vielen von uns fällt es sehr schwer, auch nur die kleinsten Beleidigungen wegzustecken, aber diese drei Männer, die mehr erlitten haben als man sich vorstellen kann, waren in der Lage zu verzeihen, und zwar mit unglaublicher Leichtigkeit. Vielleicht hat das weniger mit ihnen als vielmehr mit ihrem Glauben an eine höhere Macht zu tun. Letzten Endes zogen all diese Männer die Stärke zum Vergeben nicht nur aus ihrer eigenen Suche nach Frieden, sondern auch aus ihrem Vertrauen zu Gott – aus einem Vorschuß an Vertrauen, das einen tieferen Grund hat.

*D*avon, daß Versöhnung nur von einem Vertrauensvorschuß aus möglich wird, daß sie davon lebt, handelt auch der Bericht, den die deutsche Medizinerin Erika Lietz geschrieben hat. Erika Lietz hat, wie viele andere in der DDR auch, Schikanen, Hausdurchsuchungen, Diskriminierung erlebt. Sie hätte ausreisen können, alle Freunde im Westen rieten ihr dazu, schon der Kinder wegen. Aber sie blieb da – „gerade der Kinder wegen". Sie gehörte in dieses Land, auch wenn es der Obrigkeit nicht paßte, nur weil sie „aus der falschen Familie" kam und anders dachte. Schwarzweißmalerei ist ihre Sache nicht, nach der „Wende" erst recht nicht. Gerade weil sie sich an wertvolle Erfahrungen erinnert, kann sie heute auf Menschen zugehen, die sich früher als ihre Gegner verstanden. Natürlich war die Geschichte nicht harmlos. Ihr Mann, der die Friedensbewegung in der DDR mitaufgebaut hatte, war stark gefährdet. Der Stellvertreter des Stasi-Chefs Mielke, Genosse Mittig, gab 1985 den Auftrag: „Bis zum 11. Parteitag muß die Bearbeitung von Lietz so forciert werden, daß Lietz als Problemperson ‚vom Tisch' ist. Das ist ein Kampfauftrag". Als der dann in der kleinen Stadt, die damals noch 36 000 Einwohner hatte, eine Demonstration anzettelte, bei der 23 000 Menschen auf den Beinen waren, wußten sie, daß Maschinengewehre in der Post und in den Kellern mehrerer Häuser postiert waren … Weil sie „Mensch bleiben" wollte, hatte sie sich vorher nie auf Haß eingelassen, immer nach vorne gesehen, „zum Leben hin leben" wollen. Heute ist ihr das erst recht wichtig. Ihr Vater war Pastor gewesen, ein gutes Vorbild, sagt sie, der seiner Tochter Glaubwürdigkeit und Eigenstand als Wert mitgegeben hatte. Aus einer inneren Sicherheit heraus hat sie sich abgrenzen und immer wieder auf andere zugehen können. Sie wollte nicht zum Stein werden, sagt sie, den man wegschubsen kann. Das leben, „was wichtig" ist, das hat sie sich zu DDR-Zeiten erarbeitet. In dieser Zeit wurde sie in ihrer Stadt auch eine Institution, zu ihr kamen die Menschen. Sie hat die Erfahrung gemacht, daß es neue Freiheit schafft, wenn man sich nicht besserwisserisch über andere stellt, sondern „die Dinge auf Augenhöhe bringt". Wenn man sich öffnet, sich Zeit nimmt für andere, sich aufeinander einläßt – dann werden vorher nicht geahnte Begegnungen möglich:

Nach der friedlichen Revolution 1989 in der DDR war plötzlich vieles anders. Auch dies: Bürger der ehemaligen DDR, die ehemals DDR-Staatstragenden und die Mitarbeiter bei der Staatssicherheit auf der einen Seite, und die Oppositionellen, die vielfältigen Repressalien ausgesetzt waren, auf der anderen Seite, mußten ein neues Miteinander versuchen oder dieses aufbauen. Das gelang nicht immer. Und der Fall ist gar nicht so selten, daß es bei denen, die auf der Seite des Staates gestanden hatten, kein Schuldbewußtsein gibt. Man fühlte sich an das DDR-Rechtsbewußtsein gebunden und daher auch heute gerechtfertigt. Aber es gibt auch andere Erfahrungen.

Seit 1970 lebe ich als Ärztin in einer Kleinstadt in Mecklenburg. Da ist ein Kollege, der schuldig wurde. Als Oberarzt in unserem Krankenhaus hat er Kollegen bei der Staatssicherheit der DDR denunziert. Nach dem jetzt geltenden „Stasiunterlagengesetz", das für Angehörige des öffentlichen Dienstes regelt, wie mit den Mitarbeitern der Stasi umzugehen ist, hätte er arbeitslos werden können. Er nutzte das Angebot der Aussprache. Ich wurde als Ansprechpartnerin benannt, und er bat mich um ein Gespräch. Ich folgte seiner Einladung, und wir führten dieses Gespräch bei ihm zu Hause. Dieser Kollege übergab mir an diesem Abend die Geschenke, die er von der Staatssicherheit erhalten hatte. In seinem Fall waren es Kristallgläser und Kristallvasen – zu DDR-Zeiten ausgesprochene Mangelware. Eigentlich, sagte er, habe er sie in die Mülltonne werfen wollen, weil er sie nicht mehr in seiner Wohnung ertragen konnte. Ich nahm diese Gegenstände von ihm entgegen, die sein Lohn für Verrat an Kollegen waren. Ich wollte sie für eine spätere Dokumentation der DDR-Zeit zur Verfügung stellen. Wir sprachen über seine Geschichte, die ihn in die Fänge der Staatssicherheit hatte geraten lassen.

Mir wurde in diesem Gespräch sehr schnell klar, daß das Gesetz sehr differenziert angewendet werden muß. Das habe ich dann auch vor dem Kuratorium des Krankenhauses vertreten. Der ehemalige Oberarzt wurde in der Folge zwar seiner leitenden Funktion enthoben, aber arbeitet als Arzt im Krankenhaus weiter. Für ihn begann eine schwere Zeit in seinem Arbeitsleben. Es blieb nicht bei dem einen Gespräch, viele weitere folgten. Es waren aber auch diese Gespräche, die ihm halfen, seine Arbeit als Arzt weiterhin zu tun. Zwischen ihm, dem ehemaligen Stasi-Informanten, und mir, der Oppositionellen, hat sich inzwischen eine freundschaftliche Kollegialität herausgebildet. Die einst so unterschiedliche politische Vergangenheit spielt zwischen uns heute keine Rolle mehr. Eigentlich haben wir sie fast vergessen.

Nicht immer lief es so. Ein anderer Kollege, Chefarzt am gleichen Krankenhaus, war ebenfalls Stasi-Mitarbeiter. Er wich mir seit 1989 aus. Einmal, 1992, auf der Straße, gelang es mir dann aber doch, ihn anzusprechen. Er lehnte ein Gespräch ab. Seine Begründung: Zeitmangel. Daraufhin erklärte ich ihm, daß ich meine Zeit auch nicht in der Lotterie gewonnen hätte. Ich war auf dem Weg in meine gerade eröffnete Privatpraxis, kurz vor Sprechstundenbeginn. Das wußte er, und daß mir ein Gespräch mit ihm wichtiger war als meine wartenden Patienten, gab dann wohl den Ausschlag, daß er sich schließlich doch auf meinen Vorschlag einließ. Bei einer Tasse Kaffee erzählte er dann, ohne daß ich ihn dazu aufgefordert hätte, seine Geschichte über die Mitarbeit bei der Staatssicherheit. Die Krankenhausleitung hat auch ihn nicht entlassen. Die Leitungsfunktion mußte auch er aufgeben. Jedesmal, wenn ich diesen Kollegen heute irgendwo in der Stadt treffe, bedeutet das eine Tasse Kaffee in dem nächstliegenden Café. Heute haben wir andere Themen zu bereden als DDR-Geschichten. Außerdem ist er mein Patient.

Auch mit der Genossin Oberin begann die Versöhnung auf der Straße. Nach 1989 hatte auch sie immer die

Straßenseite gewechselt, wenn sie mich sah. Manchmal verschwand sie auch im nächsten Geschäft. Aber dann begegneten wir uns doch ganz direkt. Ich lud sie zum Kaffee ein. Im Café waren auch andere Mitarbeiterinnen aus dem Krankenhaus. Zwei standen demonstrativ von ihren Plätzen auf und kamen an unseren Tisch. Sie gaben mir die Hand und würdigten die ehemalige Oberin, die ihre Position aus persönlicher Entscheidung aufgegeben hatte, keines Blickes. Ich wußte, wie sehr sie früher die gleiche Frau hofiert hatten, früher hatten sie mich ausgegrenzt. Ich mußte es geschehen lassen und aushalten. Wenige Tage später kam die ehemalige Oberin als Patientin in meine Sprechstunde. Zu Weihnachten schenkte sie mir eine wertvolle Stickerei. Eines Tages wurde ich zu einem Hausbesuch in ihre Familie gebeten. Jemand war akut krank. Es war spät geworden, und im Fernsehen lief eine Sendung über den ehemaligen Minister für Staatssicherheit, Mielke, und seine Stellvertreter. Diese Sendung wollte ich unbedingt sehen, weil zu DDR-Zeiten einer dieser Herren einen Befehl gegen meinen Mann unterschrieben hatte. Ich bat die Familie also, dort fernsehen zu dürfen. Wir sahen die Sendung gemeinsam an, und ich spürte die große Betroffenheit, die entstand. An diesem Abend sprachen wir nicht mehr viel miteinander, aber dafür bei späteren privaten Einladungen. Jetzt ist eine Freundschaft daraus geworden. Wir haben viele neue und andere Gesprächsthemen. Am 2. Juni 1998 schenkte ich ihr neue Kreuzstichmuster zu ihrem 61. Geburtstag.

1993 tauchte, für mich völlig überraschend, in meiner Praxis plötzlich ein Genosse Oberstleutnant auf. Zu DDR-Zeiten hatte er, nach seiner aktiven Zeit bei der nationalen Volksarmee, für einige Stunden am Tag in der Kaderabteilung gearbeitet, im Personalbüro. Diese Funktion beinhaltete eine enge Zusammenarbeit mit der Staatssicherheit. Es wurden politische Einschätzungen an sie weitergereicht. Als er mich aufsuchte, interessierten ihn nicht so sehr seine Gesundheitsstörungen. Er fragte nach etwas anderem: Was nach meiner Einschätzung die Gründe für den friedlichen Verlauf der Revolution 1989 gewesen seien. Ich versuchte eine mögliche Antwort, erläuterte ihm unsere Beweggründe in der Opposition. Der Oberstleutnant kann das bis heute nicht ganz verstehen. Irgendwann sagte er: „Das hätten wir mit Ihnen nicht so gemacht im Ernstfall. Wir hätten Sie an die Wand gestellt. Es war tatsächlich so vorgesehen." – Wir wissen es. – Jetzt kommt er regelmäßig in die Sprechstunde. Aber dann kommen Fragen zur aktuellen politischen Lage, die ich ihm aus meiner Sicht beantworten soll. An den zwei herausragenden Tagen im Gesundheitswesen der DDR, dem Internationalen Frauentag und dem Tag des Gesundheitswesens, bringt er Blumen. Anfangs waren es rote Nelken, aber weil die hier so schlecht zu verkaufen sind nach all den Jahren „Sozialismus mit roten Nelken", sind es jetzt Rosen oder Orchideen. Er überreicht sie mit einem verschmitzten Lächeln. Es ist mehr als ein gutes Arzt-Patient-Verhältnis.

Sogar der ehemalige Parteisekretär wurde mein Patient. Früher wurde er als Parteikader vom Genossen Kreisarzt behandelt. Auch er hatte Berichte über mich verfaßt, die mir nach 1989 zugänglich wurden. Jedesmal, wenn seine Behandlung vorbei ist, sprechen wir über Probleme im Obdachlosenhaus, dessen Leiter er inzwischen ist. Ich hatte mich für das Obdachlosenhaus eingesetzt.

In vielen Fällen habe ich erfahren, daß gerade das Zugehen auf Menschen, die mir und anderen in der DDR das Leben schwer und unerträglich gemacht haben, die uns ausmerzen wollten, ein erster Schritt ist auf einer möglichen Brücke des Vertrauens. Vertrauensvorschuß ist nötig, damit es zu einer Begegnung kommt. Ich habe viel Vertrauen erfahren und sogar Freunde gewonnen. Miteinander leben ist wieder möglich.

Kapitel 3
Den Kreislauf des Hasses durchbrechen

> Wenn es doch nur wirklich böse Menschen gäbe, die irgendwo heimtückisch böse Dinge täten, und unsere Aufgabe lediglich darin bestände, diese Menschen von uns restlichen Menschen zu trennen und zu töten. Aber die Trennlinie zwischen Gut und Böse verläuft mitten durch das Herz eines jeden Menschen. Und wer will schon ein Stück seines eigenen Herzens töten?
>
> *Alexander Solschenizyn*

*D*as Vaterunser wurde uns schon als Kindern beigebracht, und seine vertrauten Worte spenden vielen von uns Trost, besonders in schwierigen, krisengeschüttelten Zeiten: „Vergib uns unsere Schuld, wie auch wir vergeben unsern Schuldigern." Aber wie ernst nehmen wir eigentlich die Botschaft dieser Worte: daß wir die Stärke finden werden zu vergeben, wenn wir erkennen, daß wir selbst der Vergebung bedürfen? Oft gelangen wir nur langsam zu dieser Einsicht.

Es scheint einfach immer sicherer zu sein, tapfer an der eigenen Selbstherrlichkeit festzuhalten. Um die Bedeutung des Vaterunsers zu veranschaulichen, hat Jesus folgendes Gleichnis erzählt:

Mit dem Himmelreich ist es deshalb wie mit einem König, der beschloß, von seinen Dienern Rechenschaft zu verlangen. Als er nun mit der Abrechnung begann, brachte man einen zu ihm, der ihm zehntausend Talente schuldig war.

41

Weil er aber das Geld nicht zurückzahlen konnte, befahl der Herr, ihn mit Frau und Kindern und allem, was er besaß, zu verkaufen und so die Schuld zu begleichen. Da fiel der Diener vor ihm auf die Knie und bat: Hab Geduld mit mir! Ich werde dir alles zurückzahlen. Der Herr hatte Mitleid mit dem Diener, ließ ihn gehen und schenkte ihm die Schuld. Als nun der Diener hinausging, traf er einen anderen Diener seines Herrn, der ihm hundert Denare schuldig war. Er packte ihn, würgte ihn und rief: Bezahl, was du mir schuldig bist! Da fiel der andere vor ihm nieder und flehte: Hab Geduld mit mir! Ich werde es dir zurückzahlen. Er aber wollte nicht, sondern ging weg und ließ ihn ins Gefängnis werfen, bis er die Schuld bezahlt habe. Als die übrigen Diener das sahen, waren sie sehr betrübt; sie gingen zu ihrem Herrn und berichteten ihm alles, was geschehen war. Da ließ ihn sein Herr rufen und sagte zu ihm: Du elender Diener! Deine ganze Schuld habe ich dir erlassen, weil du mich so angefleht hast. Hättest du nicht auch jenem, der gemeinsam mit dir in meinem Dienst steht, Erbarmen haben müssen, so wie ich mit dir Erbarmen hatte? Und in seinem Zorn übergab ihn der Herr den Folterknechten, bis er die ganze Schuld bezahlt habe (Mt 18, 23–35).

Die stärkste Motivation, jemandem zu vergeben, ist die Erfahrung, daß uns selbst schon einmal vergeben wurde, und wie sehr wir davon abhängen, daß uns das Unrecht, das wir anderen Menschen zugefügt haben, vergeben wird.

*J*ared, ein afro-amerikanischer Student aus Boston, erzählt die Geschichte seines eigenen inneren Kampfes um die Fähigkeit, vergeben zu können.

Ich war sechs Jahre alt, als ich mit der Realität des Rassismus konfrontiert wurde: Ich wurde aus der behüteten Umgebung meines Zuhauses in die Welt hinausgestoßen – in die Grundschule am Ort, die ganz in der Nähe, am Ende unserer Straße, lag. Ich besuchte diese Schule nur einen Monat lang, bevor die Stadt anordnete, daß ich mit dem Bus zu einer Schule am anderen Ende der Stadt fahren sollte. Meine Eltern waren darüber nicht gerade erfreut; sie wollten, daß ich auf eine Schule ging, wo man mich kannte und mochte. Sie besaßen eine Farm draußen auf dem Land, und so zogen wir dorthin ...

Mein Vater, ein alter Bürgerrechtskämpfer, brachte uns bei, jeden Menschen, egal welcher Hautfarbe, zu lieben und zu respektieren. Damals habe ich die Menschen nie danach beurteilt, welcher Rasse sie zugehörten. Trotzdem, ich war das einzige schwarze Kind auf der ganzen Schule, und vielen der anderen Kinder war offenbar beigebracht worden, Schwarze zu hassen. Kinder können sehr brutal sein, was ihre Unterschiede untereinander angeht. Manchmal fangen sie mit einer harmlosen Frage an: Warum ist deine Haut schwarz? Aber dann fangen sie an zu lachen und machen sich lustig, weil sie wissen, daß schwarze Haut irgendwie anders ist; irgendwie hat man ihnen beigebracht, daß sie nicht „normal" ist.

Ich fühlte mich nicht zugehörig. Ich war wie ein Fisch auf dem Trockenen, und diese Kinder haben es mir nicht gerade leicht gemacht. Ich erinnere mich ganz besonders an einen Vorfall. Ich stellte einen meiner weißen Freunde einem anderen weißen Kind im Bus vor, und von da an saßen die beiden immer zusammen, und ich blieb allein.

Dann, als ich in der siebten Klasse in der Stadt war, gab es einen weißen Jungen in meiner Klasse. Shawn war der einzige Weiße auf der ganzen Schule. Wir behandelten ihn wie einen Aussätzigen, verhöhnten ihn mit rassistischen Sprüchen und setzten ihm körperlich zu. Wir ließen unseren Haß auf Weiße an ihm aus, obwohl er niemandem von uns etwas getan hatte. Wir waren so wütend auf ihn. Er verkörperte alles, was wir über weiße Menschen und ihre Geschichte wußten: die Entwürdigung unseres eigenen Volkes, das Lynchen, die Mobs und den Sklavenhandel. Wir ließen all unsere Verbitterung und unsere Wut an diesem Jungen aus.

Jetzt weiß ich, daß das, was wir Shawn angetan haben, falsch war. Wir waren rassistisch und taten damit genau das, was wir an den Weißen verachteten. Noch heute tut es mir leid, daß ich ihm damals diese Verletzungen zugefügt habe. Und ich habe mich entschlossen, jenen Jungen zu verzeihen, die es nicht übers Herz brachten, mich zu lieben, als ich das einzige schwarze Kind auf ihrer Schule war.

*H*ela Ehrlich, Mitglied der Bruderhof-Gemeinschaft und jüdischer Abstammung, wuchs im Nazi-Deutschland auf. Ihrer Familie gelang es, noch kurz vor Ausbruch des Zweiten Weltkriegs zu emigrieren. So entkamen sie den Todeslagern. Aber trotzdem haben sie sehr viel Leid erfahren. Ihr Vater starb mit nur zweiundvierzig Jahren, und durch den Holocaust verlor sie die Großeltern mütterlicher- und väterlicherseits wie auch die Freunde aus ihrer Kindheit.

Sie erzählt von ihrem langen inneren Kampf und ihrem starken Widerwillen zu verzeihen, der eines Tages, während einer Versammlung der ganzen Gemeinschaft, seinen Höhepunkt erreichte:

Zitternd setzte ich mich hin, und mir ging auf, daß ich auch Spuren des Hasses finden würde, wenn ich mein eigenes Herz erforschte. Ich erkannte, daß dieser Haß zu jedem Menschen gehört. Arrogantes Denken, Wut auf andere, Kälte, Neid, sogar Gleichgültigkeit – dies sind die Wurzeln dessen, was in Nazi-Deutschland geschehen war. Plötzlich erkannte ich so klar wie nie zuvor, daß ich selbst verzweifelt der Vergebung bedurfte, und schließlich fühlte ich mich vollkommen frei.

*J*osef Ben-Eliezer, ein weiteres Mitglied des Bruderhofs, wurde 1929 in Frankfurt als Kind osteuropäischer Juden geboren. Wie Tausende anderer Menschen waren seine Eltern aus Polen emigriert, um Verfolgung und Armut zu entgehen. Doch beidem konnten sie letztlich nicht entkommen.

Das erste Mal, daß ich Antisemitismus am eigenen Leibe erlebte, war, als ich erst drei Jahre alt war. Wir schauten von unserem Fenster in der Ostendstraße aus zu, wie eine Formation der Hitlerjugend vorbeizog und ein Lied sang, das sogar ich verstehen konnte: *Wenn Judenblut vom Messer spritzt.* Ich kann mich noch an den Schrecken auf den Gesichtern meiner Eltern erinnern.

Schnell beschloß meine Familie, das Land zu verlassen, und Ende 1933 kehrten wir zurück nach Rozwadow, einer Stadt, die am Fluß San in Polen liegt. Es lebten vor allem Juden in dieser Stadt: Künstler, Schneider, Tischler und Händler. Es herrschte große Armut, aber unter diesen Umständen gehörten wir zur Mittelschicht. Wir verbrachten die nächsten sechs Jahre in Rozwadow.

1939 brach der Krieg aus, und innerhalb weniger Wochen marschierten die Deutschen in unserer Stadt ein. Mein Vater und mein älterer Bruder versteckten sich auf dem Speicher, und als jemand an die Tür klopfte und fragte, wo sie seien, sagten wir, daß wir es nicht wüßten.

Dann kam die gefürchtete öffentliche Bekanntmachung: Alle Juden mußten sich auf dem Rathausplatz versammeln. Wir hatten nur wenige Stunden Zeit. Wir nahmen alles mit, was wir nur tragen konnten, und schnürten Bündel mit Dingen, die wir auf unserem Rücken tragen konnten. Die SS zwang uns, vom Rathausplatz Richtung San zu gehen, also einige Kilometer aus dem Dorf heraus. Uniformierte Männer fuhren auf Motorrädern neben uns her. Ich werde nie vergessen, wie einer von ihnen anhielt und uns anschrie, wir sollten schneller machen; dann ging er auf meinen Vater zu und schlug ihn.

Am Flußufer warteten weitere uniformierte Männer auf uns. Sie durchsuchten uns nach Wertgegenständen – Geld, Schmuck, Uhren. (Sie fanden das Geld nicht, das meine Eltern in der Kleidung meiner kleinen Schwester versteckt hatten.) Dann befahlen sie uns, über den Fluß in eine Art Niemandsland zu gehen. Wir hatten keine Anweisungen, was wir weiter tun sollten, und so suchten wir Unterschlupf in einem Dorf jenseits des Flusses.

Einige Tage später hörten wir, daß diese Gegend auch von den Deutschen besetzt werden sollte. Wir gerieten in Panik, und mit dem wenigen Geld, das wir versteckt hatten, kauften meine Eltern zusammen mit zwei, drei anderen Familien Pferd und Wagen, um die kleinen Kinder und das Wenige, was wir auf unseren Rücken tragen konnten, zu transportieren.

Wir zogen gen Osten, Richtung Rußland, und hofften, die Grenze noch vor Einbruch der Dunkelheit zu erreichen, aber wir befanden uns in einem dunklen Wald, als die Nacht hereinbrach. Dort wurden wir von bewaffneten Männern angegriffen, die verlangten, daß wir ihnen alles herausgeben sollten, was wir besaßen. Das war ein schrecklicher Moment, aber es gab einige Männer in unserer Gruppe, die den Mut aufbrachten, sich den bewaffneten Männern zu widersetzen. Schließlich nahmen sie nur ein Fahrrad und ein paar andere kleine Dinge mit und verschwanden.

Josefs Familie verbrachte die Kriegsjahre in Sibirien. Wie durch ein Wunder gelang es ihm 1943, nach Palästina zu fliehen. Nach dem Krieg lernte er Juden kennen, die das Konzentrationslager überlebt hatten:

Die ersten Kinder, die aus Bergen-Belsen und Buchenwald befreit worden waren, kamen 1945 nach Palästina. Voller Entsetzen hörte ich, was diese kleinen Jungen, einige von ihnen erst zwölf, dreizehn oder vierzehn Jahre alt, durchgemacht hatten. Sie sahen wie alte Männer aus. Ich war völlig verstört ...

In den nächsten Jahren kämpfte ich gegen die britische Kolonialmacht. Ich haßte die Briten, besonders, als sie begannen, die Einwanderung von Überlebenden des Holocausts nach Palästina einzuschränken. Wir Juden sagten, daß wir nie wieder wie Lämmer zur Schlachtbank gehen würden, jedenfalls nicht, ohne uns vorher gewehrt zu haben. Wir hatten das Gefühl, in einer Welt voller wilder Tiere zu leben, und um zu überleben, mußten wir genauso werden.

Als das britische Mandat in Palästina zu Ende ging, gingen die Kämpfe um das Land zwischen Juden und Arabern weiter. Ich schloß mich der Armee an, weil ich davon überzeugt war, daß ich es nicht länger zulassen konnte, daß auf mir herumgetrampelt wurde ...

Während eines Einsatzes in Ramla und Lod befahl meine Einheit den Palästinensern, das Gebiet innerhalb weniger Stunden zu räumen. Wir ließen es nicht zu, daß sie es in Frieden verließen, sondern griffen sie aus purem Haß an. Wir schlugen sie und verhörten sie auf brutale Weise. Einige Menschen wurden sogar getötet. Wir hatten keinen Befehl, so zu handeln, sondern handelten aus eigener Initiative. Unsere niedrigsten Instinkte waren geweckt.

Plötzlich sah ich meine Kindheit im Polen der Kriegsjahre vor meinen Augen aufleuchten. Im Geiste durchlebte ich meine eigenen Erfahrungen noch einmal, die ich als

Zehnjähriger gemacht hatte, als ich aus meiner Heimat-
stadt vertrieben wurde. Auch hier gab es Menschen – Männer, Frauen, Kinder –, die mit allem, was sie nur tragen
konnten, fliehen mußten. Und ich sah Furcht in ihren Augen, eine Furcht, die ich selbst nur allzu gut kannte. Ich
war vollkommen erschüttert, aber ich hatte meine Befehle,
und ich durchsuchte die Menschen weiter nach Wertsa-
chen. Ich wußte, daß ich nicht länger auf der Opferseite
war. Ich hatte nun die Macht.

Josef verließ kurz darauf die Armee, aber noch immer war er
nicht zufrieden. Er gab das Judentum auf und dann die Reli-
gion als Ganzes. Er versuchte, den Sinn des Lebens zu ergrün-
den, indem er das Böse rationalisierte. Aber das schien nicht
zu funktionieren. Schließlich kam er zum Bruderhof.

Zum ersten Mal erlebte ich hier, was Vergeben heißt. Und
ich fragte mich ernsthaft: Wie könnte ich anderen Menschen nicht vergeben, wo ich selbst immer und immer
wieder der Vergebung bedarf? Vor allem habe ich die Hoffnung, daß die Menschen eines Tages von dem gleichen
Geist ergriffen werden, der mich gerettet hat.

Jared, Hela und Josef hatten gute Gründe, weshalb sie
ihren Feinden nicht vergeben wollten. Menschlich gesprochen waren sie unschuldig. Die Lasten, die sie trugen, waren
das Ergebnis der Vorurteile und des Hasses anderer Menschen
und waren nicht von ihnen selbst ausgegangen. Auf gewisse
Weise hatten sie völlig recht, das zu empfinden, was sie innerlich fühlten. Es liegt mir fern zu behaupten, daß es leicht
ist, jenen zu vergeben, die die eigene Familie, Freunde und
Nachbarn umgebracht haben. Aber in meiner Tätigkeit als
Pastor und Seelsorger habe ich sehr oft die Erfahrung gemacht, daß die, die ihren Tätern nicht vergeben konnten,

noch lange Opfer ihrer Täter blieben, nachdem der körperliche Schmerz nachgelassen hatte und keine Gefahr mehr bestand. Hinzu kommt, daß Jared, Hela und Josef merkten, wie sie selbst immer mehr denjenigen zu ähneln begannen, unter denen sie und ihre Familien so sehr gelitten hatten. Wie viele andere Menschen auch, sind sie alle drei zu der Erkenntnis gelangt, daß sie den furchtbaren Kreislauf von Haß nur durchbrechen und sich selbst von den Schrecken der Vergangenheit befreien konnten, indem sie den Tätern vergeben haben.

Auch wenn ganze Völker betroffen sind: Versöhnung und Vergebung ist immer auch etwas, was von einzelnen gelebt und durchlebt werden muß. Davon handelt die folgende Erfahrung, die als Hintergrund die deutsch-polnische Geschichte hat. Ruth-Alice von Bismarck geb. von Wedemeyer wurde einem größeren deutschen Leserkreis bekannt durch das von ihr mitherausgegebene Buch „Brautbriefe Zelle 92" (C.H. Beck, München 1992), dem Briefwechsel zwischen Dietrich Bonhoeffer und seiner Braut Maria von Wedemeyer, Ruth-Alices jüngerer Schwester. Aufgewachsen auf dem Wedemeyerschen Gut Pätzig in Pommern, erlebten beide Schwestern deutsche Schicksalsgeschichte in den Jahren zwischen und nach den beiden Weltkriegen. Der Vater Hans von Wedemeyer gehörte zu den Gründungsmitgliedern der Berneuchener Bewegung, aus der später die Michaelsbruderschaft hervorgegangen ist. Seine innerste Überzeugung, als Christ verantwortlich zu sein für Mitmenschen und das Gemeinwohl, prägte von Jugend an das Leben der Geschwister. Daß Ruth-Alice von Bismarck jetzt, mehr als fünfzig Jahre nach der Flucht aus dem geliebten Pätzig, die nachfolgende Geschichte schreiben konnte, ist der tiefe Ausdruck dieser durch alle schweren Lebenserfahrungen durchgetragenen Grunderfahrung. Aus dieser inneren Haltung heraus kann Versöhnung zwischen Völkern geschehen. Verträge der Politiker sind eine

Sache, aber daß Menschen über die Grenzen hinweg einander die Hand reichen – weinend ob eigener und fremder Schuld – ist Frieden, ist Schalom.

Und die politische Schuld ...?

War die Oder immer so schmal?

Ist es wirklich schon fast 20 Jahre her, seit wir – sie in entgegengesetzter Richtung überquerend – ihre Eisschollen unter uns sahen? Wir flohen im Schlitten. Noch war es der unsere, mit unseren drei Ackerpferden davor. Ausgeliefert der Eroberung und der Rache der russischen Armee, das seit Jahrhunderten mit uns gewachsene, geliebte preußische Land hinter uns. Dies eine wußten wir: Es war endgültig. Es war Gericht Gottes. Erst nach Wochen vermochte ich zu weinen. Ich wollte es nie mehr sehen.

Nun aber sind wir auf der Straße nach Warschau. Mein Mann nahm eine offizielle Einladung – eine der ersten, die nach Deutschland kam – an. Er wollte die Bäume sehen, die er gepflanzt hatte. Auch die Straße erstaunlich schmal: altbekanntes Hufgeklapper der vielen Pferdefahrzeuge. Kaum Autos. Rote Ziegelhäuser der Dörfer, die wohlvertraute Kante aus versetzten Steinen unter der Dachlinie berührt uns.

Plötzlich ein Birkenwäldchen hinter frischgepflügtem weitgeschwungenem Acker – unverwechselbar östliches Land. Tränen kommen! Wie lange schon habe ich es nicht mehr gespürt – dieses tiefe Atemholen der Seele. Zugehörigkeit von Ewigkeit an.

Der Abend senkt sich. Dörfer gehen zur Ruhe. Erstes Licht im Fenster – Kühe kommen von der Weide getrottet, Gänse, Hunde – gedämpfte Geräusche, Frieden.

Wir müssen vorsichtig fahren. Immer wieder taucht plötzlich ein unbeleuchtetes Pferdefahrzeug auf. Fragen wachen auf. Als in Deutschland in der Zeitung stand, daß die Balten hier angesiedelt wurden, haben wir überhaupt nicht daran gedacht, daß Polen dafür von Haus und Hof gehen mußten. Warum? Es war wie eine Erblindung des Herzens. „Mit dem Rücken zum Osten" hatten wir gelebt.

So schwach beleuchtete Städte kennen wir nicht mehr. Im sozialistischen Staats-Hotel dann der singende, zischende mütterliche Ton der polnischen Sprache.

Am Morgen eine wiederaufgebaute Stadt. Man hat Bilder von Cannaletto gebraucht, um sie zu rekonstruieren: fast kulissenhaft in unendlich stolzer Liebe zur gedemütigten Geschichte. Noch sieht der Geist dahinter die Flammen, die ganze Straßenzüge fraßen.

Wir werden sehr still in diesen Tagen, die folgen. Das Wort erstirbt. Die Seele öffnet die Ohren.

Wir sind es, die hier Weltuntergang brachten. Keiner begegnet uns, der nicht Liebstes verlor. Das waren keine Kriegstoten, Vernichtung der Intelligenz war gewollt. Es sollte es nicht mehr geben, das uns ebenbürtige, – ja – das uns menschlich überlegene polnische Volk.

Und nun war es da. Eigentlich war es ein offizieller Besuch, von Rundfunk zu Rundfunk. Mein Mann war damals Intendant des WDR. Aber am Rande und mitten darin streckten sich Hände entgegen. Lange entbehrte östliche Intensität des Dialogs – die Emotion auf der Zunge – die Wärme, die Tiefe ...

Mein Mann hatte das Gespräch zehn Jahre zuvor begonnen, als er beim Kirchentag in Leipzig öffentlich sagte, um den Preis neuen Elends wolle er nicht zurück.

Nun muteten sie sich uns zu.

Sie schenkten uns nichts.

Aber sie wagten das Herz.

Ein neuer Kontinent leuchtete auf. Kein Traum hätte ihn erreichen können.

Die polnische Geschichte, warum hatten wir sie nie gelernt? Vielfarbig und voller Musik entfaltete sie sich nun – und voll großer Leiden. 150 Jahre Teilung. Deutschland dabei aktiv (Nur Maria Theresia hatte ein schlechtes Gewissen gehabt).

Sie trauen uns zu, daß wir sie jetzt verstehen können. Da ist fast ein Schimmer von Freude, daß sie endlich vermögen, sich kenntlich zu machen.

Daß der Schmerz unseren Hochmut verschlingt. Wir können nicht genug schauen und staunen. Als wir dann schließlich Auschwitz gesehen hatten, stand in der Nacht vor mir das Bild einer Kapelle an diesem Ort. Ich sah Wände mit weißen Zetteln bedeckt. Auf jedem Blatt ein deutscher Name und der eine Satz: Ich bin mitschuldig. Ich versuchte nun, durch ganz Deutschland zu gehen und diese Zettel zu sammeln.

Später konnte ich meinen Schmerz über die Schulklassen, die man hindurchführte, nicht verständlich machen. Schließlich saßen die kommunistische Dolmetscherin und ich nebeneinander im Auto und weinten.

„Warum zeigt man den Kindern das Böse?"

„Damit es nie wieder passiert."

„Das hilft nicht. Angst macht nicht gut!"

„Aber was hilft?"

„Es ist der Ort, wo ich meine Angehörigen finde", sagt Krystina Tserkawska.

Was hilft?

In Warschau hatte mir ein Abgeordneter des Sejim (Parlament) überraschend hinter einer Säule ein kleines selbstgeschnitztes Kruzifix in die Hand gedrückt.

Billiger also ging es nicht. Gottes Sohn starb mit diesen Menschen – auch durch uns. Nicht ohne Zittern vermag einer Zeuge von Auferstehung zu sein.

Kapitel 4
Segne, die dich verfolgen

> Einigen Dingen steht man sprachlos gegenüber – besonders der Sündhaftigkeit des Menschen –, und man fragt sich, ob man mit Gewalt oder demütiger Liebe reagieren sollte. Entscheiden Sie sich für demütige Liebe. Wenn Sie sich ein für allemal entschließen, zu lieben, dann können Sie sich die ganze Welt unterwerfen. Liebevolle Demut ist wunderbar stark, sie ist das Stärkste überhaupt, und nichts reicht an sie heran.
>
> *Fjodor Dostojewski*

*I*n der Bergpredigt verkündet Jesus, daß wir unsere Feinde lieben sollen – ja, er sagt sogar, wir sollten jene, die uns verfolgen, „segnen". Dies ist nicht nur eine rhetorische Floskel, wie seine klaren und unmißverständlichen Worte am Kreuz beweisen: „Vater, vergib ihnen, denn sie wissen nicht, was sie tun." Der heilige Stephanus, der erste christliche Märtyrer, sprach ein ähnliches Gebet, als sein Leben gewaltsam beendet wurde: „Herr, rechne ihnen diese Sünde nicht an."

Viele Menschen machen sich über eine solche Haltung lustig und halten sie für Dummheit. Wie können wir jene Menschen, die uns schaden oder uns gar vernichten wollen, annehmen? Als ich meinem Freund Mumia Abu-Jamal, einem bekannten afro-amerikanischen Schriftsteller, der über die Todestrakte in Pennsylvanien schreibt, eine frühe Fassung dieses Buches zeigte, reagierte er auf eben diese Weise:

Für Leute, die nahezu in einem Paradies leben, die genug zu essen haben, die Bauernhöfe, eigenes Ackerland, schöne Wohnhäuser, Geschäfte etc. besitzen, ist es einfach, Vergebung zu predigen. Aber ist es denn wirklich fair, dies jenen Menschen zu predigen, die in gräßlichen Löchern hausen – ohne Arbeit, in ständiger Sorge, vielleicht schon morgen zu verhungern –, Menschen, die, wie Frantz Fanon es einmal ausgedrückt hat, die „Elenden dieser Welt" sind? Sollen sie den fetten, wohlgenährten Millionen, die für ihr Verhungern gestimmt haben, vergeben? Jenen, die für den Krieg gestimmt haben? Jenen, die für Gefängnisse gestimmt haben? Jenen, die für ihre weitere Unterdrückung gestimmt haben? Jenen, die tief in ihrem Herzen wünschten, daß sie nie geboren worden wären? Sollten sie jenen für alle weiterhin bestehende Unterdrückung vergeben? Für den Völkermord, der sich ereignen wird?

Es gibt allerdings jemanden, der davon überzeugt war, daß auch diese benachteiligten Menschen vergeben sollten, und zwar Martin Luther King: „Kein anderes Gebot Jesu ist wohl so schwer zu befolgen wie die Ermahnung: „Liebet eure Feinde!", schrieb er 1963 in seinem Bestseller *Kraft zum Lieben:*

Manche Menschen halten es für unmöglich. Es sei zwar leicht, so sagen sie, den zu lieben, von dem man geliebt wird, wie aber könne man den lieben, der einem offen oder insgeheim schadet ...?

Das Gebot, unsere Feinde zu lieben, ist nicht die fromme Bitte eines schwärmerischen Träumers; es ist eine unbedingte Notwendigkeit für unser Überleben. Die Liebe auch zu unseren Feinden ist der Schlüssel, mit dem sich die Probleme der Welt lösen lassen. Jesus ist kein weltfremder Idealist, sondern ein praktischer Realist ...

Vergelten wir mit Haß, so vervielfältigen wir ihn und

fügen einer ohnehin sternenlosen Nacht neue Finsternis hinzu. Finsternis kann keine Finsternis vertreiben. Das gelingt nur dem Licht. Haß vervielfältigt den Haß, Gewalt mehrt Gewalt, Härte vergrößert Härte in einer ständigen Spirale der Vernichtung ...

Schließlich aber stellt die Liebe die einzige Kraft dar, die Feinde in Freunde verwandeln kann. Wir befreien uns nie von einem Feind, wenn wir Haß mit Haß vergelten. Wir entledigen uns seiner nur, wenn wir uns von der Feindseligkeit freimachen. Seiner ganzen Natur nach zerstört der Haß und zieht hinab. Die Liebe hingegen baut ihrem ganzen Wesen nach auf und ist schöpferisch. Liebe verwandelt mit erlösender Macht.[6]

Kings Überzeugung, daß Liebe ein wirksames politisches Mittel ist, entsprang seinem christlichen Glauben, aber seinem Denken lag auch ein hohes Maß an Pragmatismus zugrunde. Er wußte, daß er und alle anderen Afro-Amerikaner jahrzehntelang in den gleichen Gegenden würden leben müssen, in denen sie jetzt um die Anerkennung ihrer Bürgerrechte kämpften – Rechte, die ihnen seit fast zweihundert Jahren versagt worden waren, und zwar allein aufgrund ihrer Hautfarbe. Wenn sie selbst verbittert auf diese Mißachtung reagierten, würde daraus nur weitere Gewalt resultieren, und das wiederum würde zu noch mehr Verbitterung und Feindseligkeit führen. Statt die Mauern des Rassenhasses zu durchbrechen, würde solch eine verbitterte Reaktion die Mauern nur noch undurchdringlicher machen. Nur wenn sie ihren Unterdrückern vergeben würden, könnten Afro-Amerikaner – und weiße Amerikaner – befreit werden von der „ständigen Spirale der Vernichtung". Nur Vergebung könne den Weg nach vorne in eine bessere Zukunft weisen:

Zunächst müssen wir zur Vergebung fähig werden. Wer nicht vergeben kann, der kann auch nicht lieben. Wir können nicht mit der Feindesliebe beginnen, wenn wir nicht begreifen, daß wir denen immer wieder vergeben müssen, die uns beleidigen und verfolgen. Wir müssen auch begreifen, daß Vergebung immer nur von dem ausgehen kann, dem Böses getan wurde. Der Übeltäter kann um Vergebung bitten. Er kann zur Besinnung kommen wie der verlorene Sohn, der reumütig zurückkehrte und sich von ganzem Herzen nach Vergebung sehnte. Aber nur der beleidigte Nachbar, der liebende Vater daheim können die Vergebung gewähren.

Wenn wir vergeben, so bedeutet das nicht, daß wir so tun, als wäre nichts geschehen, oder daß wir eine böse Tat nicht mehr beim Namen nennen. Vielmehr bedeutet es, daß eine böse Tat nicht mehr als Schranke die Verbindung stört. Vergebung ist ein Katalysator, der die notwendige Atmosphäre für einen neuen Anfang schafft ...

Unseren Gegnern sagen wir: Unsere Leidenschaft ist ebenso groß wie eure Macht, uns Leid zuzufügen. Eurer physischen Gewalt werden wir mit seelischer Kraft begegnen. Tut mit uns, was ihr wollt, wir werden euch trotzdem lieben. Wir können euren ungerechten Gesetzen nicht mit gutem Gewissen gehorchen, denn wir sind nicht nur verpflichtet, zum Guten zu wirken, sondern auch die Zusammenarbeit mit dem Bösen zu verweigern. Werft uns ins Gefängnis, wir werden euch trotzdem lieben. Werft Bomben in unsere Häuser, bedroht unsere Kinder, wir werden euch trotzdem lieben. Schickt eure vermummten Gewalttäter um Mitternacht in unsere Wohnungen, daß sie uns schlagen und halbtot liegen lassen, wir werden euch trotzdem lieben. Und seid sicher, daß wir euch mit unserer Leidensfähigkeit überwinden werden. Eines Tages werden wir die Freiheit gewinnen. Aber sie wird nicht nur für uns selbst errungen werden. Wir werden so lange an euer Herz und eure Seele appellieren, bis wir auch euch gewonnen haben. Und dann wird unser Sieg ein doppelter Sieg sein.[7]

Im Frühling 1965 demonstrierte ich mit Martin Luther King in Marion, Alabama, und konnte mit eigenen Augen sehen, wie tief seine Liebe und Demut trotz der schlimmsten Ungerechtigkeiten waren.

Ich besuchte gerade alte Freunde am Tuskegee Institut, als ich vom Tode Jimmie Lee Jacksons hörte. Der junge Mann war acht Tage zuvor erschossen worden, als die Polizei eine Kundgebung in einer Kirche in Marion auflöste. Polizisten aus ganz Alabama waren in der Stadt zusammengezogen worden und hatten mit Knüppeln auf die Protestierenden eingeschlagen, als sie auf die Straße strömten.

Umstehende berichteten später, die Szene habe sich ihnen als vollkommenes Chaos dargeboten, in dem weiße Zuschauer Kameras zerstörten und mit ihren Gewehren auf die Straßenbeleuchtung zielten, um sie außer Funktion zu setzen. Gleichzeitig griffen Polizisten Männer und Frauen, von denen einige weiter auf den Stufen ihrer Kirche knieten und beteten, brutal an. Jimmies Vergehen bestand darin, daß er einen Soldaten angegriffen hatte, der gnadenlos auf seine Mutter eindrosch. Man bestrafte ihn, indem man ihm eine Kugel in den Magen feuerte und so lange auf seinen Schädel einschlug, bis er fast tot war. Das Krankenhaus vor Ort weigerte sich, ihn aufzunehmen, und so wurde er nach Selma gebracht, wo er seine Geschichte Journalisten erzählen konnte. Einige Tage später starb er.

Als wir die Nachricht von Jimmies Tod erhielten, fuhren wir sofort nach Selma. Das Leichenschauhaus in der Brown Chapel hatte den Leichnam ausgestellt, und obwohl der Bestattungsunternehmer alles getan hatte, um die Wunden zu kaschieren, waren die Verletzungen auf Jimmies Kopf deutlich sichtbar: drei mörderische Wunden, jede von ihnen 2,5 cm breit und 7,5 cm lang, verliefen entlang seines Ohres, entlang des unteren Schädelrandes und oben auf seinem Kopf.

Tief erschüttert besuchten wir den Gedenkgottesdienst in Selma, den ersten von zweien. Die Kirche war mit ungefähr dreitausend Menschen bis auf den letzten Platz besetzt (noch mehr Leute standen draußen), und wir saßen hinten in der Kirche auf einer Fensterbank. Während des gesamten Gottesdienstes kam uns nie auch nur die kleinste zornige oder rachsüchtige Äußerung zu Ohren. Statt dessen ging von der Gemeinde ein mutiger Geist aus, besonders, als sie den alten Sklavensong „Ain't gonna let nobody turn me 'round" sangen.

Später herrschte in der Methodistenkriche in Marion eine weitaus gedrücktere Stimmung. Entlang der Veranda des Kreisgerichts auf der gegenüberliegenden Straßenseite hatte man eine lange Reihe von Polizisten postiert, die Hände fest an ihren Schlagstöcken, die uns unverwandt ins Gesicht starrten. Dies waren dieselben Männer, die die Schwarzen in Marion nur wenige Tage zuvor angegriffen hatten. Die vielen Weißen, die sich in der Nähe des Rathauses zusammengefunden hatten, waren nicht minder einschüchternd. Bewaffnet mit Fernrohren und Kameras, beobachteten sie uns so genau und machten so viele Photos von uns, daß wir uns vorkamen, als ob jeder einzelne von uns nun registriert worden wäre.

Auf der Beerdigung sprach King über Vergebung und Liebe. Er appellierte an die Schwarzen, für die Polizei zu beten, dem Mörder zu vergeben und jenen zu vergeben, die sie verfolgten. Dann faßten wir uns an den Händen und sangen „We shall overcome". Es war ein ergreifender Moment. Wenn es jemals einen Grund für Haß oder Rache gegeben hat, dann dort. Aber nichts davon war zu spüren, nicht einmal bei Jimmies Eltern.

Es war nicht gerade ungefährlich, in Selma dabeizusein. Nur vier Tage nach der Beerdigung wurden Demonstranten auf dem Weg nach Montgomery mit Tränengas traktiert, berittene Polizisten umzingelten sie und schlugen gnadenlos auf sie ein. Zwei Tage nach diesem Vorfall wurde ein weißer Pastor aus Boston, James Reeb, im Stadtzentrum von Selma blindwütig zusammengeschlagen. Er erlag den Folgen seiner Verletzungen nur zwei Tage später. Innerhalb der nächsten drei Wochen wurde Viola Liuzzo, eine weiße Frau aus Detroit, erschossen, als sie einen schwarzen Mann nach einer Demonstration nach Hause fuhr. (Wir hatten praktisch das gleiche nur eine Woche zuvor getan, als wir drei Frauen mitgenommen hatten, die eine Mitfahrgelegenheit nach Marion suchten.)

Jahre später war ich tief berührt, als ich von einem bemerkenswerten Akt des Vergebens las, der von den Kindern aus Selma in jenen Tagen des Februar und März 1965 unternommen wurde. Schüler der Stadt hatten einen friedlichen Marsch nach Schulschluß organisiert, als der stadtbekannte und berüchtigte Sheriff Clark auf den Plan trat. Er und seine Stellvertreter begannen, die Kinder hin- und herzuschubsen und herumzustoßen, und bald schon gingen die Kinder nicht mehr, sie rannten. Am Anfang dachten die Jungen und Mädchen, daß Clarks Männer sie zum Bezirksgefängnis treiben wollten, aber bald wurde ihnen klar, daß sie zu einem Gefangenenlager fünf Kilometer vor der Stadt gejagt wurden. Die Männer gaben nicht eher nach, als bis die Kinder keine Luft mehr bekamen und sich schließlich übergeben mußten. Später gaben die Männer an, daß sie nur das „Demonstrationsfieber" für immer aus Selma hätten vertreiben wollen.

Einige Tage nach diesem Vorfall wurde Sheriff Clark mit Schmerzen in der Brust ins Krankenhaus eingeliefert. Kaum zu glauben, aber die Schulkinder aus Selma organisierten einen zweiten Marsch vor dem Gerichtsgebäude, und dieses Mal sangen sie Gebete und trugen Schilder, auf denen sie dem Sheriff „Gute Besserung" wünschten.

*R*obert Coles, der bekannte amerikanische Kinderpsychiater, hat an Kindern, mit denen er 1965 in einem Krankenhaus in New Orleans zusammenarbeitete, die gleiche bemerkenswerte Bereitschaft zu vergeben festgestellt. Weiße Eltern, die offenen Widerstand gegen die Entscheidung des Bundesgerichts leisteten, die Trennung von Schwarzen und Weißen in den Schulen der Stadt zwangsweise aufzuheben, nahmen ihre Kinder nicht nur von den Schulen, die Schwarze aufnahmen, sondern stellten auch noch Streikposten an jenen Schulen auf.

Ein Kind, die sechsjährige Ruby Bridges, war die einzige afro-amerikanische Schülerin an ihrer Schule, was bedeutete, daß sie eine Zeitlang auch die einzige Schülerin war. Wochenlang mußte sie von Polizeibeamten zur Schule begleitet werden. Eines Tages sah ihre Lehrerin, wie sie etwas vor sich hin sprach, während sie an den Reihen wütend zischelnder weißer Eltern vorbeiging, die ihr Beleidigungen entgegenschleuderten. Als Rubys Lehrerin Coles davon berichtete, war dieser neugierig, was sie wohl vor sich hin gesprochen haben mochte.

Als er sie fragte, sagte Ruby, daß sie für die weißen Eltern gebetet habe. Coles überraschte diese Antwort. Warum sie für sie bete? „Weil sie es brauchen, daß man für sie betet", antwortete sie. Sie hatte in der Kirche die Worte Jesu gehört, die er kurz vor seinem Tod ausgesprochen hatte: „Vater, vergib ihnen, denn sie wissen nicht, was sie tun", und sie hatte sich diese Worte zu Herzen genommen. Coles sah in Ruby Bridges, und in allen anderen Kindern, die ihr in dieser Hinsicht ähnelten, die Hoffnung auf eine Wiedergeburt Amerikas begründet.[8]

James Christensen, ein Bekannter, Prior in einem Trappistenkloster in Rom, berichtete mir kürzlich von einer bemerkenswerten Geschichte, die von Vergebung noch vor der eigentlichen Tat handelt. Im Mai 1996 kidnappte die GIA, eine radikal islamistische Gruppe in Algerien, im Atlasgebirge sieben von James Mitbrüdern und drohte, sie so lange als Geiseln zu halten, bis Frankreich mehrere ihrer eigenen gefangenen Landsleute freiließ. Als die französische Regierung dies ablehnte, schnitt die GIA den Mönchen die Kehle durch.

Ganz Frankreich war entsetzt, und alle katholischen Kirchen in Frankreich – 40000 an der Zahl – läuteten gleichzeitig, um der Mönche zu gedenken. Was mich allerdings am tiefsten an der Tragödie bewegte, war etwas, das diese Tragödie schon zwei Jahre zuvor leise angedeutet hatte. Der Prior des algerischen Klosters, Christian de Chergé, hatte eine merkwürdige Vorahnung, daß er bald gewaltsam zu Tode kommen würde, und schrieb einen Brief, in dem er seinen zukünftigen Mördern verzieh. Er versiegelte den Brief und deponierte ihn bei seiner Mutter in Frankreich. Als der Brief nach seiner Ermordung gefunden wurde, stand dort unter anderem geschrieben:

Wenn es eines Tages geschehen sollte – und es könnte heute sein –, daß ich Opfer des Terrorismus werde, der nun alle Ausländer in Algerien bedroht, so möchte ich, daß meine Gemeinde, meine Kirche, meine Familie sich darauf besinnt, daß mein Leben Gott und Algerien geweiht war und daß sie akzeptieren, daß der alleinige Meister allen Lebens um dieses brutale Ableben weiß.

Wenn die Zeit kommt, möchte ich noch soviel Klarheit besitzen, daß ich Gott und und meine Mitmenschen um Vergebung bitten und gleichzeitig mit ganzem Herzen demjenigen vergeben kann, der mich niederschlagen wird.

Ich habe mir solch einen Tod nicht gewünscht; es scheint mir wichtig, dies festzuhalten. Wie könnte ich mich freuen, wenn das algerische Volk, das ich liebe, unterschiedslos als mein Mörder dargestellt wird?

Für dieses Leben, das ich verliere, danke ich Gott. In diesen Dank, in den ich von jetzt an alles in meinem Leben einschließe, schließe ich natürlich ... auch Dich ein, meinen Freund der letzten Minute, der Du nicht gewußt haben wirst, was Du tust ... Ich bitte vor Gott für Dich, in dessen Antlitz ich auch Deines erkenne. Und daß wir uns im

Paradies finden werden wie jener Schächer am Kreuz, so es Gott, unserem Vater, gefällt.

Wenige Orte auf dieser Welt haben Versöhnung so sehr nötig wie Israel. 1988 reiste ich zum ersten Mal in dieses vom Krieg zerrissene Land, wo ich Elias Chacour, einen melchitischen Priester und palästinensischen Aktivisten traf, der sich seit Jahren unermüdlich für den Frieden einsetzt. Unsere Freundschaft hält bis heute an, und Elias hat unsere Bruderhof-Gemeinschaft schon zweimal besucht.

Es wäre mehr als verständlich, wenn Elias verbittert wäre. Er ist ein „Mann ohne Vaterland", seitdem die Israelis sein Heimatdorf 1947 zerstörten. Er wurde mehr als einmal inhaftiert und hat es viele Jahre erdulden müssen, daß die israelische Regierung ihn verfolgt und benachteiligt. Aber Elias ist einer der warmherzigsten, bescheidensten und mitfühlendsten Menschen, die ich kenne. Als vertriebener Palästinenser steht er trotzdem hinter der Idee, daß „die Juden einen eigenen Staat verdienen, und das nicht, weil sie Juden sind, sondern weil sie Menschen sind". Als er kürzlich eine unserer Gemeinschaften in England besuchte, erinnerte er uns an folgendes:

Wenn ich in meinem Herzen den Juden vergebe, den Zionisten, den Soldaten, die meinem Bruder die Knochen gebrochen und meinen Vater ins Gefängnis gesperrt haben – dann kann ich zu diesem Juden gehen und ihm die Wahrheit ins Gesicht sagen, und er wird spüren, daß ich ihn liebe, selbst wenn ich seine Ungerechtigkeit beim Namen nenne … Ich würde ihn lieber zur Umkehr aufrufen, als seine Rolle mit ihm zu tauschen und selbst der Unterdrücker zu sein – Gott behüte!

*N*aim Ateek, ein bekannter palästinensischer Priester der Kathedrale St. Georg in Jerusalem, teilt diese Haltung. Sein Vater, der 1948 alles an die israelische Armee verlor, lehrte ihn zu vergeben:

> Wenn Menschen hassen, dann werden all ihre Kräfte davon in Anspruch genommen, und dieser Haß frißt sie auf … Kämpft weiter an gegen Haß und Groll. Manchmal werdet ihr euch überlegen fühlen, manchmal dagegen vollkommen unterlegen. Obwohl es wirklich sehr schwierig ist, laßt es niemals zu, daß der Haß Euch völlig beherrscht … Hört nie auf, nach dem Gebot der Liebe und der Vergebung zu leben.
>
> Verwässert nicht die Stärke der Botschaft Jesu: Meidet sie nicht, tut sie nicht als unrealistisch und utopisch ab. Beschneidet sie nicht nach eigenem Gutdünken, um sie dem in Euren Augen wirklichen Leben der Welt anzupassen. Verändert sie nicht so, wie es Euch gefällt. Belaßt sie so, wie sie ist, strebt nach ihr, verlangt nach ihr, und arbeitet mit Gottes Hilfe daran, sie zu verwirklichen.[9]

*W*ie so viele Menschen auf beiden Seiten des arabisch-israelischen Konfliktes litt Bishara Awad, ein anderer palästinensischer Bekannter von mir, unter großen Ungerechtigkeiten. Kürzlich erzählte er mir von seinem lebenslangen Kampf, den Israelis zu vergeben:

> 1948, während des furchtbaren Krieges zwischen den Arabern und den jüdischen Siedlern, starben Tausende von Palästinensern, und noch viel mehr Menschen wurden obdachlos. Unsere Familie war davon nicht ausgenommen. Mein Vater wurde von einer verirrten Kugel getötet, und es gab noch nicht einmal einen anständigen Platz, wo man ihn hätte beerdigen können. Niemand konnte die Gegend

verlassen aus Angst, von einer der beiden Seiten erschossen zu werden; es gab keinen Priester oder Pastor, der ein Gebet hätte sprechen können. Also las meine Mutter uns aus der Bibel vor, und die Männer, die dabei waren, begruben meinen Vater im Hof. Es gab keine Möglichkeit, wie wir ihn zum normalen Friedhof in der Stadt hätten bringen können.

Meine Mutter wurde im Alter von 29 Jahren Witwe, und sie blieb mit sieben Kindern zurück. Ich war gerade mal neun Jahre alt. Wochenlang waren wir gefangen inmitten des Kreuzfeuers und konnten den Keller nicht verlassen. Eines Nachts dann zwang uns die jordanische Armee, in die Altstadt zu flüchten. Das war das letzte Mal, daß wir unser Haus und unsere Möbel gesehen haben. Wir rannten davon mit nichts als unseren Kleidern am Leibe, einige von uns dazu nur in Schlafanzügen ...

In der Altstadt waren wir Flüchtlinge. Wir wurden in einem Kerosinlagerraum untergebracht, in dem es keine Möbel gab. Eine muslimische Familie gab uns einige Decken und etwas Essen. Das Leben war ziemlich hart; ich erinnere mich noch an Abende, wo wir ohne einen Bissen zu essen schlafen gegangen sind.

Meine Mutter war ausgebildete Krankenschwester, und sie bekam eine Stelle in einem Krankenhaus für 25 Dollar im Monat. Nachts arbeitete sie, und tagsüber studierte sie weiter. Wir Kinder wurden in Waisenhäuser gesteckt. Meine Schwestern kamen in eine muslimische Schule, und wir Jungen wurden in einem Heim untergebracht, das von einer Engländerin geleitet wurde. Für mich war das ein schwerer Schlag. Zuerst hatte ich meinen Vater verloren, und jetzt war ich auch noch von meiner Mutter und meiner Familie getrennt. Wir durften einmal im Monat nach Hause, aber ansonsten verbrachten wir die nächsten zwölf Jahre immer im Heim. Auch dort, wo ich mit meinen zwei Brüdern und achtzig weiteren

Jungen lebte, nahm die Not kein Ende. Wir hatten nie genug zu essen. Das Essen war schrecklich, und wir wurden ruppig behandelt.

Als Erwachsener studierte Bishara in den USA und nahm die amerikanische Staatsbürgerschaft an. Später ging er zurück nach Israel und arbeitete als Lehrer an einer christlichen Schule. Rückblickend meint er:

Das ganze erste Jahr über war ich ziemlich frustriert. Ich konnte nicht viel erreichen und hatte das Gefühl, versagt zu haben ... Mein Haß auf die jüdischen Unterdrücker wuchs von Tag zu Tag: Alle meine Schüler waren Palästinenser, und alle hatten auf die gleiche Weise gelitten wie ich ... ich konnte meinen Schülern nicht helfen, weil der gleiche Haß in mir steckte. Ich trug ihn seit meiner Kindheit in mir, ohne daß ich mir dessen bewußt gewesen wäre.

Eines Nachts betete ich unter Tränen zu Gott. Ich bat ihn um Vergebung für meinen Haß auf die Juden und dafür, daß ich es zugelassen hatte, daß der Haß mein Leben bestimmte ... Er nahm die Frustration, die Hoffnungslosigkeit und den Haß von mir und ersetzte diese negativen Gefühle durch Liebe.[10]

In einer Gesellschaft, die Selbsterhaltung und Individualismus betont, scheuen die meisten Menschen vor der Vergebung zurück, wenn sie sie nicht sogar ganz offen verachten. Vergeben wird als Schwäche angesehen. Uns wird beigebracht, unsere Rechte zu behaupten und sie durchzusetzen und bloß nicht nachzugeben.

Aber Raja Shehadeh, eine palästinensische Anwältin, die sich für die Menschenrechte einsetzt, sagt, daß Jesus diese Logik auf den Kopf gestellt hat, als er die Menschen dazu aufrief, ihren Feinden zu vergeben.

Der Akt des Vergebens birgt eine große Kraft in sich. Man stellt die eigene Würde unter Beweis und zeigt, daß man die Mittel und die Fähigkeit besitzt, zu vergeben ... Es mag schwer nachvollziehbar sein, aber im Idealfall muß es hier erst einmal Vergebung geben, wenn es jemals Frieden geben soll ... Wir müssen [den Israelis] verzeihen, was sie uns angetan haben.

Weit entfernt davon, uns schwach und verletzlich zu machen, verleiht Vergebung unserem Leben und unserer Arbeit Kraft und Stärke. Sie ermöglicht es uns, auch die schwierigsten Situationen zu einem guten Ende zu bringen, denn wir können die Fragen nach Rache und menschlicher Gerechtigkeit hinter uns lassen und wirklichen Frieden im Herzen finden. Darüber hinaus setzt Vergebung eine positive Kettenreaktion in Gang, die die Früchte unseres Vergebens an andere weitergibt.

Kapitel 5
Vergeben und Gerechtigkeit

> Wahrheit ohne Liebe tötet, aber Liebe
> ohne Wahrheit lügt.
>
> *Eberhard Arnold*

*J*oel Dorkam, ein guter Freund des Kibbuz Tsuba in Israel, hat Elend erlebt, das sich in vieler Hinsicht mit jenem von Hela und Josef aus Kapitel 3 vergleichen läßt. Dennoch eröffnet seine Geschichte eine etwas andere Perspektive. Er erkennt an, daß gegenseitiges Vergeben und gegenseitiges Vertrauen im heutigen Konflikt zwischen Israel und Palästina unerläßlich sind. Als Jude ist er einige Risiken eingegangen, um dauerhafte Freundschaften mit Deutschen anzuknüpfen. Aber der Gedanke, den Nazis zu vergeben, die seine Kindheit zerstört und so viele Juden vernichtet haben, versetzt ihn in Wut und Verzweiflung. Seine Geschichte wirft eine uralte Frage auf, die sich Generationen von Frauen und Männern im Laufe der Menschheitsgeschichte immer wieder gestellt haben: Gibt es Dinge, die man nicht vergeben kann?

Ich wurde 1929 in Kassel geboren, in jenem schicksalshaften Jahr der finanziellen und ökonomischen Krise, die solch einen entscheidenden Einfluß auf die Weltpolitik nahm und die den Nazis half, an die Macht zu gelangen ... Mein Vater war Journalist, meine Mutter Lehrerin. Unsere Familie war recht wohlhabend, und wir führten ein glückliches Leben, bis sich die Wolken des Faschismus über uns zusammenzogen.

Wie so viele Juden im ganzen Land hatte mein Vater die Nazis zu Beginn nicht besonders ernst genommen. Wie konnten die soliden, kulturbeflissenen Deutschen auf so einen Unfug hereinfallen? Aber als Hitler Kanzler wurde, rieten wohlmeinende Freunde meinen Eltern, Deutschland zu verlassen.

Also verließ mein Vater sein geliebtes Heimatland, wo er geboren und aufgewachsen war, und für das er im Ersten Weltkrieg gekämpft hatte. Meine Mutter und ich folgten ihm kurz darauf nach, und wir kamen in Straßburg wieder zusammen. Wir konnten nur einige Dinge aus unserem Besitz mitnehmen. Plötzlich hörte unser normales, gewohntes Leben auf; wir waren plötzlich heimatlose, umherziehende Juden geworden, ohne Nationalität und ohne Rechte.

Ich war damals drei Jahre alt und ein sehr neugieriger Junge. Für mich war diese Zeit sehr aufregend. Ich gewöhnte mich schnell an neue Sitten und Bräuche, lernte eine neue Sprache und fand neue Freunde. Aber ein Jahr später mußten wir wieder umziehen; weil wir deutsche Flüchtlinge waren, stellten wir im Grenzgebiet angeblich ein Sicherheitsrisiko dar. Wir zogen daraufhin in ein kleines Dorf in den Vogesen. Meine Eltern mußten einen neuen Beruf und eine neue Sprache lernen, sie mußten sich an eine völlig andere Kultur gewöhnen, hatten den Komfort ihres früheren Lebens verloren und mußten natürlich zuallererst unter diesen schwierigen Bedingungen ihren Lebensunterhalt verdienen ...

Ein Jahr später brannte die Fabrik, in der meine Mutter gearbeitet hatte, ab, und das bedeutete, daß wir erneut umziehen mußten, dieses Mal nach Marseille. Wieder versuchten meine Eltern, ihr Auskommen zu finden, und sie schafften es, sich eine Existenz aufzubauen, die allerdings nicht besonders sicher war. Wir zogen ständig von einer Wohnung in die nächste, was bedeutete, daß ich jedes Mal die Schule wechseln und neue Freunde finden mußte. Ich hatte nie das Glück, dauerhafte Beziehungen aufbauen zu können ...

Dann brach der Zweite Weltkrieg aus, und alles geriet aus den Fugen. Ich war wieder fremd, und außerdem noch Ausländer ... Die Deutschen zogen in Frankreich ein, und die deutsche Armee besetzte das Land. Kurz darauf begann die Gestapo, Menschen zu verhaften ... Unsere Wohnung und das Geschäft meiner Eltern wurden konfisziert, aber mit Hilfe von französischen Freunden konnten wir in einem Versteck Unterschlupf finden.

Schließlich kamen meine Eltern zu dem Schluß, daß unsere einzige Hoffnung darin bestand, über die Grenze nach Spanien zu fliehen. Mein Vater hatte sich gerade von einem Arthritisanfall erholt und mußte, auf zwei Krücken gestützt, die Pyrenäen überqueren. Manchmal mußte ihn unser Bergführer auf dem Rücken tragen ...

Nachdem wir drei Wochen lang über schneebedeckte Berge gewandert waren und mein Vater immer wieder gebeten hatte, wir möchten ihn doch zurücklassen, holte uns die spanische Guardia Civil (Grenzpolizei) ein. Glücklicherweise ließen sie uns einreisen – genau wie die meisten der fast 10 000 Juden, die illegal die Grenze nach Spanien passierten. Wären wir wieder zurück nach Frankreich verfrachtet worden, so hätte das todsicher unser Ende bedeutet ...

Wir wurden dann auf der Polizeistation von Gerona voneinander getrennt. Mein Vater wurde in ein Camp in Miranda-del-Ebro geschickt, meine Mutter in das Gefängnis am Ort. Ich blieb ganz allein zurück. Ich verbrachte die schlimmste Nacht meines Lebens allein in einer furchtbar kalten Zelle und dachte, ich hätte meine Eltern für immer verloren. Am nächsten Tag brachte man mich in das Waisenhaus der Stadt, was meine Stimmung auch nicht gerade verbesserte. Dort verlebte ich meinen 13. Geburtstag (das ist das Alter, in dem junge jüdische Männer feierlich in die Gemeinde der Treuen aufgenommen werden) – und verpaßte meine Bar-Mizwa.

Ein warmherziger Priester nahm mich unter seine Fittiche und tröstete mich, wenn es mir sehr schlecht ging. Er schmuggelte auch etwas Geld, das ich heimlich aus Frankreich mitgenommen hatte, in die Zelle meiner Mutter, die dort schwer an der Ruhr litt und keine finanziellen Mittel besaß, um angemessene, nahrhafte Lebensmittel zu kaufen. Das Geld hat ihr wahrscheinlich das Leben gerettet.

Nach einigen Monaten kam ich zu meiner Mutter, und zusammen wurden wir in ein Frauengefängnis nach Madrid verlegt. Ich war wahrscheinlich das einzige männliche Wesen in diesem Gebäude, und meine Mutter mußte mich immer im Auge behalten. Wir hatten eine eigene Zelle, während die meisten anderen Gefangenen in großen Schlafsälen mit zwanzig oder dreißig Betten untergebracht waren. Während des Tages gesellten wir uns zu den Frauen in den größeren Räumen, und wenn wir abends zurück in unsere Zelle gingen, dann kamen wir immer an den Todeszellen vorbei, in denen Frauen saßen, die auf ihre Hinrichtung warteten. Nachts konnten wir die Schüsse hören.

Einige Zeit später wurde unsere ganze Familie dann in Madrid wieder zusammengeführt. Unsere Lebenshaltungskosten wurden von dem Jewish Joint Welfare Committee getragen, aber bald mußten wir uns wieder entscheiden, wohin wir als nächstes emigrieren sollten. Wir entschlossen uns, nach Palästina zu gehen.

Das war 1944, gegen Ende des Krieges also, und die Bedingungen in Palästina waren schwierig. Wir teilten uns eine kleine Wohnung mit der Familie meiner Tante; ich meldete mich in einer Handelsschule im Kibbuz Yagur an und wurde Automechaniker. Die Schule war speziell für deutsch-jüdische Kinder gegründet worden, die man aus Europa hatte retten können, aber als ich ankam, gab es keine Kinder mehr, die man hätte retten können. Die meisten meiner Mitschüler waren in Israel geboren, also Einheimische, während ich, mit meinem besonderen Hintergrund eines assimilierten Deutsch-Judentums und nur geringfügigem Wissen, was jüdische Bräuche und Traditionen angeht, wieder einmal anders war, fremd ...

Nach und nach begann ich, mich in dem neuen Land und im Kibbuz wohlzufühlen. Ich fand Freunde und nahm an verschiedenen Aktivitäten teil, wie z. B. an der Trauben- und Getreideernte während der Sommerferien. Aber viele meiner persönlichen, beruflichen und sozialen Pläne konnte ich nicht mehr realisieren; es gab einfach zu viele Lücken in meiner Schulbildung. Das gleiche galt für meine Eltern. Meine Mutter brachte sich nach und nach Hebräisch bei und arbeitete an einer nahegelegenen landwirtschaftlichen Schule, während mein Vater die neue Sprache nie wirklich meistern sollte.

Als der Krieg zu Ende war, verlief das Leben wieder mehr oder weniger in normalen Bahnen. Ich machte meinen Schulabschluß und wurde Mitglied der Untergrundbewegung Haganah, kämpfte im Befreiungskrieg und wurde dann Mitglied von Tsuba (einem Kibbuz in der Nähe von Jerusalem), zusammen mit meiner zukünftigen, rothaarigen Frau Sarah, einer gebürtigen Israelin. Ich legte einen feierlichen Eid ab, nie mehr umherzuziehen: Dies sollte meine Heimat für den Rest meines Lebens sein, und hier, als Teil dieser Gemeinschaft, wollte ich leben und arbeiten und meine Kinder aufziehen. Ich versuchte außerdem, anderen zu helfen, die ähnliche Not erlitten hatten wie ich.

Wenn ich auf meine Kindheit zurückblicke, so denke ich, daß ich viele wertvolle Erfahrungen machen durfte, und vielleicht sogar Weisheit geschenkt bekommen habe. Ich habe (auf schmerzhafte Weise) erfahren, wie sehr Menschen voneinander abhängig sind, besonders in Zeiten der Not. Ich habe erkannt, wie wichtig Hilfsbereitschaft und ermutigende Worte sind. Mir ist auch klar geworden, daß es überall gute und schlechte Menschen gibt und daß die meisten von uns tatsächlich eine Mischung aus beidem sind.

Trotz der vielen Leiden, die die Deutschen mir und meiner Familie zugefügt haben, fühle ich mich ihrer Geschichte und Kultur, die ich von meinen Eltern vermittelt bekommen habe, verbunden. Ich habe mein Bestes getan, um Beziehungen zu anständigen Deutschen wiederherzustellen.

Entgegen der in den sechziger Jahren gängigen Politik, jeden Kontakt zu vermeiden, habe ich es damals befürwortet, daß junge Deutsche in unserer Nachbarschaft willkommen geheißen wurden. Sie wurden in Familien untergebracht und setzten sich mit der jüngsten Vergangenheit auseinander. Wir freundeten uns mit diesen Deutschen an, und jetzt besuchen wir sie, und sie besuchen uns. Wir halten den Dialog aufrecht und tun alles, was in unserer Macht steht, um positive, antifaschistische Elemente in Europa zu stärken, die dem Wiederaufleben von reaktionären Kräften entgegenwirken.

Natürlich können wir nie die sechs Millionen Juden – die 1,5 Millionen unschuldiger Kinder eingeschlossen – vergessen, die gefoltert und von den Nazis und ihren Helfershelfern vernichtet wurden. Wir können uns vielleicht mit dem heutigen Deutschland aussöhnen, aber wie könnten wir jemals vergessen, daß wir in den dunkelsten Stunden der Geschichte, in der Zeit unserer tiefsten Verzweiflung, allein gelassen wurden, um zu leiden und zu sterben, ohne die Hilfe der sogenannten Weltmächte? Selbst wenn wir jenen vergeben, die heute in Deutschland leben, was ist mit jenen, die aktiv Juden und andere Opfer der Nazihetze verstümmelt und umgebracht haben?

Wenn Vergebung bedeutet, daß man blinden Haß und Rache ablehnt – ja, dann ist Vergebung möglich. Aber ist es auch nötig, den Monstern zu vergeben, die die schlimmsten Greueltaten in der Geschichte der Menschheit begangen haben?

Ich kann vielleicht jenen vergeben, die alles hilflos mitangesehen haben und es nicht gewagt haben, aufzubegehren. Ich weiß, wieviel Mut erforderlich ist, um sich gegen eine Autorität aufzulehnen und sich dem Terror, den die Nazis verbreitet haben, zu widersetzen. Aber ich weiß auch, daß Tausende rechtschaffener Menschen das Risiko auf sich nahmen, Juden zu helfen und zu verstecken, und zwar im vollen Bewußtsein, daß sie sich und ihre Familie dadurch in große Gefahr brachten.

Ist es möglich, Hitler und seinen Helfern zu vergeben, seinen SS-Kommandeuren und Soldaten, den Wächtern seiner Todeslager, der Gestapo? Ist es möglich, Menschen, die Hunderttausende von hilflosen Frauen, Männern und Kindern quälten und verhungern ließen, sie mit einem Maschinengewehr niedergemäht und vergast haben, zu vergeben?

Ich kann Soldaten vergeben, die gegen uns in einem Krieg gekämpft haben, selbst wenn sie dies aus einer falschen Motivation heraus getan haben ... Ich kann Menschen verstehen, die kämpfen, um sich selbst zu schützen oder ihre Rechte einzufordern, selbst wenn sie dies vom rechten Weg abbringt. Aber gibt es nicht Dinge, die man nicht vergeben kann?

Es ist verständlich, daß Joel sich weigert, den Nazis zu vergeben, die kaltblütig sechs Millionen jüdische Männer, Frauen und Kinder umgebracht haben. Ich glaube, daß seine Haltung nicht eine Folge von Verbitterung oder Widerwillen ist, sondern aus der Sorge erwächst, daß Vergeben irgendwie bedeuten könnte, daß man die Täter von ihrer Schuld freispricht. Als jemand, der sich stark dafür verantwortlich fühlt, daß sich ähnliche Greueltaten in Zukunft nie mehr wiederholen dürfen, kann Joel einfach nicht vergeben, wenn Vergeben bedeutet, daß man so tut, als ob sich der Holocaust niemals ereignet hätte oder als ob die verantwortlichen Männer nicht absichtlich abscheuliche, böse Dinge getan hätten.

Jeden, der Familie und Freunde in den Todeslagern verloren hat, würde es tief verletzen, wenn man behauptete, daß die bösen Taten der Nazis entschuldigt werden könnten oder daß diese Menschen nicht verantwortlich für das seien, was sie getan haben. Ich glaube, das wäre wirklich unredlich. Aber Vergeben heißt nicht, Leute zu entschuldigen oder sie von ihrer Verantwortlichkeit freizusprechen.

C. S. Lewis war sich der Gefahren bewußt, die daraus entstehen, daß man böse Taten entschuldigt. Trotzdem schrieb er im Jahre 1947, als das ganze Ausmaß des Holocausts langsam in das Bewußtsein der Menschen drang: „Es gibt einen grundsätzlichen Unterschied zwischen Vergeben und Entschuldigen." Die meisten Menschen, so Lewis, geben nicht gerne zu, daß sie etwas falsch gemacht haben. Also versuchen sie, ihre Handlungen zu entschuldigen. Statt um Vergebung zu bitten, versuchen sie, andere Leute dazu zu bringen, ihre Entschuldigungen zu akzeptieren, und hoffen auf mildernde Umstände. Sie möchten, daß man übereinkommt, daß sie nicht wirklich verantwortlich sind. Lewis dagegen schreibt: „Wenn man nicht wirklich verantwortlich ist, dann gibt es nichts, was einem vergeben werden müßte. In diesem Sinne sind Vergebung und Entschuldigung fast Gegensätze."

Wirkliches Vergeben bedeutet, daß man sich den eigenen Fehlern kompromißlos stellt, den Fehlern, die ohne Entschuldigungen zurückbleiben, nachdem alle Zugeständnisse gemacht worden sind, und die man in all ihrer Abscheulichkeit, ihrem Schmutz, ihrer Gemeinheit und Böswilligkeit erkennt und sich trotzdem von ganzem Herzen mit der Person versöhnt, die diese Sünde begangen hat. Dies, und nur dies, ist Vergebung.[11]

Bill Chadwick aus Baton Rouge, Louisiana, trennt klar zwischen Vergebung und Entschuldigung, wenn er über den Tod seines Sohnes Michael schreibt. Bill fühlte sich nie versucht, den Jungen, der für Michaels Tod verantwortlich war, einfach zu entschuldigen, sondern er hatte ein starkes Bedürfnis nach Gerechtigkeit. Schließlich entdeckte er jedoch, daß Gerechtigkeit allein ihm nicht den Frieden bringen konnte, nach dem er sich sehnte:

Mein einundzwanzigjähriger Sohn Michael kam bei einem Autounfall am 23. Oktober 1992 ums Leben. Er war sofort tot. Sein bester Freund, der hinten im Auto gesessen hatte, war auch tot. Der Fahrer, der viel getrunken und rücksichtslos aufs Gaspedal getreten hatte, trug nur leichte Verletzungen davon; er wurde wegen doppelten Totschlags angeklagt. Michael hatte nur geringe Mengen Alkohol in seinem Blut, und bei seinem besten Freund waren gar keine Spuren von Alkohol nachweisbar.

Die Mühlen der Justiz mahlen langsam. Das Gericht brauchte mehr als ein Jahr, um den Prozeß gegen den Fahrer zu eröffnen. Wir erschienen zu einer Anhörung nach der anderen, und jedesmal wurde der Fall verschoben. Der Verteidiger versuchte sogar, die Befunde der Blutalkoholtests in Zweifel zu ziehen, obwohl ihm dies nicht gelang. Schließlich bekannte sich der Angeklagte schuldig und wurde zu sechs Jahren Gefängnis verurteilt.

Wir machten dem Bewährungshelfer den Vorschlag, daß ein Camp, das ähnlich aufgebaut ist wie die Camps, in denen die Rekruten der Marine ausgebildet werden, gut für ihn sein könnte – wir waren wirklich nicht darauf aus, ihn zu verletzen, aber wir waren davon überzeugt, daß er für das, was er getan hatte, bezahlen sollte. Jedenfalls erhielten wir einen ziemlich häßlichen Brief von seiner Mutter, in dem sie uns vorwarf, wir hätten irgendwie auf die Höchststrafe hingewirkt. Sie schrieb, daß sie keinen Groll hegen würde, wenn es ihr Sohn gewesen wäre, der gestorben wäre, und Michael am Steuer gesessen hätte. Ich antwortete darauf, daß sie nicht eher darüber sprechen sollte, was sie auch tun oder was sie nicht tun würde, ehe ihr Sohn nicht wirklich tot sei.

Ihr Sohn wurde schließlich zu sechs Monaten Camp verurteilt, und den Rest der sechs Jahre erhielt er auf Bewährung. Nach sechs Monaten kehrte ihr Sohn nach Hause zurück, nur unser Sohn nicht.

Ich glaube, ich hatte mir eingebildet, daß die Sache irgendwie anders aussehen würde, wenn der Fahrer erst einmal der Gerechtigkeit ausgeliefert wäre. Ich glaube, das meinen die Menschen, wenn sie davon reden, „etwas innerlich abzuschließen". Wir glauben, daß wir zur Ruhe kommen können, wenn es jemanden gibt, der verantwortlich ist. Man glaubt, daß der Schmerz schließlich nachlassen wird, wenn es irgendwie Sinn macht oder wenn die Opfer irgendeine Art von Gerechtigkeit erfahren. In den Jahren, die dem Tod meines Sohnes folgten, habe ich zahllose Berichte von Menschen gelesen, die Angehörige verloren haben und die sich nach einer solchen Befreiung gesehnt haben. Ich habe sie sogar in einer beliebten Talk-Show auftreten sehen, wie sie laut die Todesstrafe forderten, so, als ob es ihnen irgendwie helfen würde, wenn der Täter tot wäre.

Natürlich war ich wütend auf den Fahrer. Aber ich war auch auf Michael wütend. Schließlich hatte er in jener Nacht einige ziemlich schlechte Entscheidungen getroffen; er hatte sein Leben aufs Spiel gesetzt. Ich mußte durch diese Wut hindurch, um wieder einigermaßen mit meinen Gefühlen zurechtzukommen. Doch selbst nach der Verurteilung konnte ich keinen Schlußstrich ziehen. Statt dessen war dort immer noch das große Loch in meiner Seele – und nichts, mit dem ich es hätte stopfen können.

Erst einige Monate später fiel es mir plötzlich wie Schuppen von den Augen: solange ich dem Fahrer nicht verzeihen konnte, würde ich nicht zu der Ruhe kommen, nach der ich mich sehnte. Vergeben ist etwas anderes, als jemanden von seiner Verantwortung zu befreien. Der Fahrer war noch immer verantwortlich für Michaels Tod, aber ich mußte ihm vergeben, ehe ich das, was geschehen war, loslassen konnte. Auch die schlimmste Strafe könnte das, was passiert war, nicht wiedergutmachen. Ich mußte bereit sein zu vergeben, selbst wenn ich das Gefühl hatte, daß die Strafe zu milde war. Und dieser Prozeß des Vergebens hatte im Grunde nichts mit dem Fahrer zu tun – er hatte mit mir zu tun. Es war ein Prozeß, den ich durchmachen mußte; ich mußte mich verändern, egal, was er tat.

Der Weg hin zum Vergeben war ein langer und steiniger Weg. Ich mußte nicht nur dem Fahrer vergeben, sondern auch Michael und Gott (der erlaubt hatte, daß so etwas passieren konnte), und auch mir selbst. Schließlich war es meine Unfähigkeit, mir selbst zu vergeben, die das schwierigste Hindernis war. Früher hatte ich Michael oft irgendwo hingefahren, selbst wenn ich schon Alkohol getrunken hatte. Aber das war der Schlüssel zu meinem Vergeben – daß ich mir selbst vergeben habe. Meine Wut auf andere Leute war bloß meine eigene Furcht, die auf diese Weise nach außen drang. Ich hatte meine eigene Schuld auf andere projiziert – den Fahrer, die Gerichte, Gott, Michael –, so daß ich mich selbst nicht kritisch hinterfragen brauchte. Und erst als ich erkannte, welchen Teil ich in dieser Sache spielte, konnte ich meine ganze Perspektive ändern.

Ich habe folgendes gelernt: daß wir den Frieden, den wir suchen, dann erhalten, wenn wir vergeben. Und ob dieser Friede kommt oder nicht, liegt wirklich an uns selbst, denn die Kraft zu vergeben liegt nicht außerhalb von uns, sondern in unseren eigenen Seelen.

Michaels Vater hat durch dieses schlimme Ereignis dazuge-
lernt, und zwar auf eine Weise, die sicherlich für alle Eltern
sehr schmerzvoll wäre. Aber jeder von uns muß eine solche
Erfahrung machen, egal, wie die Situation im einzelnen aussehen mag. Wenn wir nicht jenen aufrichtig vergeben, die uns
Schaden zufügen, werden wir keinen Frieden finden, egal, wie
sehr wir im „Recht" sind, Vergeltung zu fordern.

In einer Gesellschaft, in der Rache zur Normalität gehört,
ist diese Haltung bestimmt nicht besonders populär. Mehr
und mehr Menschen reicht Bestrafung durch ein Gericht
nicht mehr aus; die Menschen wollen persönlich Vergeltung
üben. Mehrere Staaten in den USA haben sogar Gesetze erlassen, die den Angehörigen von Menschen, die ermordet worden sind, das Recht zusprechen, bei der Hinrichtung des Mör-
ders persönlich anwesend zu sein. Aber diese Familien
scheinen den Frieden, nach dem sie sich so sehr sehnen, nicht
zu finden. Ihr Verlangen, andere so verletzt zu sehen, wie sie
selbst verletzt worden sind, wird nie ganz befriedigt. Statt daß
ihre Wunden heilen, führen ihre Rachegelüste nur dazu, daß
sie desillusioniert und wütend zurückbleiben.

Vergeben bedeutet nicht, stillschweigend über etwas hin-
wegzusehen. Manchmal wäre es sogar kaltherzig, etwas zu
„vergeben und zu vergessen". Wie kann jemand sein eigenes
Kind vergessen? Schmerz, Empörung und Wut sind vollkommen normale Gefühlsreaktionen, und vielleicht sind diese
Gefühle sogar notwendig, aber schließlich sollte die Sehn-
sucht nach Versöhnung zur stärksten Kraft werden.

Kapitel 6
Vergeben, wenn Versöhnung unmöglich ist

> Es kann unendlich viel schlimmer sein, wenn man sich weigert, jemandem zu vergeben, als wenn man jemanden umbringt. Letzteres mag im Affekt geschehen, während ersteres eine kalte und bewußte Entscheidung des Herzens ist.
>
> *George Macdonald*

Als man Marietta Jaegers siebenjährige Tochter während eines Campingurlaubs in Montana aus ihrem Zelt entführte, war ihre erste Reaktion Wut:

Ich kochte vor Wut. Alles, was ich wollte war, mich rächen. „Selbst wenn man Susie in dieser Sekunde lebendig und wohlbehalten zurückbringen würde, könnte ich den Mann für das, was er meiner Familie angetan hat, umbringen", sagte ich zu meinem Mann, und das war mein voller Ernst.

So berechtigt ihre Reaktion erscheinen mag, so erkannte Marietta doch schon bald, daß Wut ihre Tochter auch nicht zurückbringen würde, wie sie sagte. Sie war nicht bereit, den Entführern ihrer Tochter zu vergeben: Lange Zeit redete sie sich ein, daß das dem Verrat an ihrer Tochter gleichkäme und einem stillschweigenden Dulden des Verbrechens. Doch sie spürte tief in sich, daß sie ihm vergeben mußte, um mit dem Verlust ihrer Tochter umgehen zu können.

In ihrer Verzweiflung begann sie zu beten, nicht nur für eine sichere Heimkehr ihrer Tochter, sondern auch für den

Entführer. In den folgenden Wochen und Monaten wurden ihre Gebete für Susie immer schwieriger, während ihre Gebete für den Entführer immer leichter und aufrichtiger gesprochen waren. Sie mußte einfach den Menschen finden, der ihr das geliebte Kind genommen hatte: Und sie hatte sogar das unheimliche Bedürfnis, mit dem Entführer von Angesicht zu Angesicht zu sprechen.

Dann, eines Nachts, genau ein Jahr, nachdem ihre Tochter entführt worden war, erhielt Marietta einen Telefonanruf. Es war der Entführer. Marietta hatte Angst – die Stimme klang selbstgefällig und spöttisch –, aber sie war von sich selbst überrascht, daß sie wirkliches Mitgefühl für den Mann am anderen Ende der Leitung empfand. Und sie bemerkte, daß sich auch der Mann beruhigte, nachdem sie ruhiger geworden war. Sie sprachen über eine Stunde lang miteinander.

Glücklicherweise konnte Marietta ihr Gespräch aufzeichnen. Trotzdem dauerte es Monate, ehe das FBI den Entführer schließlich ausfindig machen und ihn verhaften konnte. Erst da wurde Marietta klar, daß Susie nie wieder nach Hause kommen würde. Die Ermittler hatten das Rückgrat eines kleinen Kindes zwischen den Sachen des Entführers gefunden.

Nach den Gesetzen des Staates hätte der Mann zum Tode verurteilt werden können, doch Marietta wollte sich nicht rächen. Sie schreibt: „Mittlerweile war mir klar geworden, daß Gerechtigkeit nicht mit Strafe zu tun hat, sondern mit Erneuerung." Sie stellte statt dessen den Antrag, daß Susies Mörder eine lebenslange Haftstrafe bekommen sollte, die von psychiatrischer Behandlung begleitet werden sollte. Der gequälte junge Mann beging jedoch Selbstmord. Marietta hat ihre Entscheidung, ihm ihre Hilfe anzubieten, jedoch nie bereut. Ihr Bemühen, Frieden zu stiften, hörte auch danach nicht auf. Heute arbeitet sie in einer Gruppe, die es sich zum Ziel gesetzt hat, Mörder und die Familien der Opfer miteinander auszusöhnen. Dies hilft sowohl ihr als auch den anderen betroffenen Familien, die Wunden heilen zu lassen.

Mariettas Erfahrung zeigt, daß nicht alle Geschichten ein gutes Ende nehmen. Selbst wenn wir der Person gegenübertreten können, der wir vergeben wollen, so kann es sein, daß diese überhaupt keine Reue zeigt. Manchmal wird ein Mörder nie gefaßt, oder ein Ehepartner macht sich auf und davon. Kann man trotzdem verzeihen?

Unfähig, mit dem sinnlosen Mord an seiner Schwester Frances umzugehen, nahm sich Daniel Coleman schließlich das Leben. Diese doppelte Tragödie veränderte das Leben der Mutter Anne grundlegend. Heute betreut sie Männer, die in Delaware auf ihre Todesstrafe warten. Sie begann diese Arbeit, nachdem sie Barbara Lewis, eine Frau, deren Sohn auf die Vollstreckung seiner Todesstrafe wartete, kennengelernt hatte. Nachdem sie Barbaras Sohn zusammen besucht hatten, begannen sie, auch andere Häftlinge zu besuchen.

So lernte ich Billy kennen. Er hatte bis zu diesem Zeitpunkt noch von niemandem Besuch bekommen, und er war vollkommen vereinsamt. Ich muß weinen, wenn ich daran denke, wie er erhängt wurde; wie sie ihn mindestens eine Viertelstunde im heulenden Wind auf dem Galgen warten ließen, bis die Zeugen kamen. Nach seiner Hinrichtung dachte ich, daß ich nicht mehr weiterleben könnte.

Dann lernte ich einen kleinen Jungen namens Marcus kennen. Sein Vater sitzt auch in der Todeszelle. Er hat seine Mutter verloren und auch seine beiden Schwestern, und er leidet unter Alpträumen, weil er jetzt auch noch seinen Vater verlieren wird.

Ich weiß, daß Haß meine Tochter nicht wieder lebendig machen wird. Und ich weiß noch nicht einmal, ob ich jemals den Menschen finden werde, der sie umgebracht hat. Aber irgendwie müssen die Wunden heilen. Wenn ich

Menschen wie Barbara und Markus helfe, dann trägt das dazu bei, daß meine Wunden heilen. Wenn ich ihnen helfe, verheilen meine Wunden besser, als ich es jemals zu hoffen gewagt hätte.

Jennifer, eine alte Bekannte von mir, verlor ihren Verlobten, als er sie zehn Tage vor ihrer Heirat verließ. Sie sah ihn nie wieder. Seit mehr als einem Jahr waren sie verlobt gewesen, und obwohl es manchmal in der Beziehung gekriselt hatte, war sie überzeugt, daß dieses Mal alles gut gehen würde. Sie war bis über beide Ohren verliebt und sehr aufgeregt. Sie hatte ihre Schwesternschule abgeschlossen, und ihr Hochzeitskleid war fast fertig. Dann plötzlich fiel alles wie ein Kartenhaus in sich zusammen:

Mein Verlobter offenbarte mir, daß er mir gegenüber nicht aufrichtig gewesen sei – es gebe Dinge in seiner Vergangenheit, die unserer Ehe noch immer im Wege stünden. Was alles noch schlimmer machte war, daß er davonlaufen wollte, statt sich seiner Vergangenheit zu stellen. Ich war am Boden zerstört. Tagelang weinte ich nur, und mein Herz war jahrelang gebrochen. Ich dachte schließlich, ich sei dafür verantwortlich, daß er unehrlich gewesen war, und ich wurde bitter.

Dreißig Jahre später ist Jennifer noch immer unverheiratet, aber sie ist nicht mehr verbittert. Selbst wenn sie es ihm nicht mitteilen kann, so hat sie ihrem Verlobten wirklich ganz vergeben. Und obwohl es manchmal immer noch schmerzt, daß sie nicht heiraten konnte und sie manchmal den Verlust seiner Liebe betrauert, hat sie doch wahre Erfüllung darin gefunden, alten und kranken Menschen, schwangeren Frauen und behinderten Kindern zu helfen. Sie ist fröhlich und voller Energie und viel zu beschäftigt, um in Selbstmitleid zu baden.

Weil ich nicht verheiratet bin, kann ich Dinge tun, die eine vielbeschäftigte Frau und Mutter nie tun könnte. Ich kann geben, wann immer und wo immer ich gebraucht werde. Und ich kümmere mich besser um diese Kinder und liebe sie mehr, als ich es sonst hätte tun können.

Julie verließ die Bruderhof-Gemeinschaft zusammen mit ihrem Mann und ihren Kindern, nachdem sie ihren Mann, der ihre Tochter belästigt hatte, zur Rede gestellt hatte. Obwohl sie schockiert und entsetzt darüber war, was er getan hatte, liebte sie ihn immer noch, und sie hoffte, daß sie außerhalb der Gemeinschaft ihre Familie würde retten können. Leider gelang dies nicht.

Ich war nahe am Verzweifeln. Mein Ehemann erschien mir plötzlich wie ein Fremder, und ich konnte nicht mehr mit ihm an dem Ort leben, der für mich zur Hölle geworden war. Ein Jahr lang lebten wir außerhalb der Gemeinschaft und hofften, unsere Ehe und unsere Familie retten zu können, aber ohne Erfolg. Alles war zerstört.

Ich verließ meinen Mann und ging zurück zum Bruderhof, wütend, verletzt, voller Haß. Ich fühlte mich abgelehnt, verzweifelt, empört, gedemütigt – selbst diese lange Kette von Adjektiven kann nicht ausdrücken, was in mir vorging. Ein Kampf tobte in meinem Herzen. Ich wollte vergeben, aber ich wollte auch rachsüchtig um mich schlagen. Jedes Mal, wenn ich an seine neue Frau dachte (er hatte sich von mir scheiden lassen und wieder geheiratet), flammten meine Emotionen wieder auf. Es war kein leichter Kampf, und ich kämpfe immer noch, wenn ich die Auswirkungen sehe, die sein Mißbrauch und die Scheidung auf unsere fünf Kinder haben.

Ihm vergeben wollen – das war es, worum ich innerlich kämpfte, ihm wirklich vergeben zu wollen. Ich wußte, meine Antwort hätte Vergebung sein sollen. Aber wie konnte ich, wenn er so wenig Reue zeigte? Und wie sollte ich mein Vergeben in die Praxis umsetzen?

Ich wollte über nichts, was er getan hatte, hinwegsehen, und ich ließ ihn wissen, daß ich meinen Kindern nicht länger erlauben konnte, ihn zu sehen. Aber schließlich beschloß ich, daß die Scheidung zu akzeptieren das Konstruktivste war, was ich tun konnte.

Ich habe in dieser Zeit festgestellt, daß Vergeben nicht eine Sache ist, die man einmal macht und die sich damit erledigt hat. Ich muß meine Vergebung immer wieder erneuern und bekräftigen. Manchmal zweifle ich daran, ob ich meinem Mann überhaupt jemals vergeben habe, und dann muß ich wieder darum kämpfen. Aber letztendlich weiß ich, daß das, was mein Mann mir angetan hat, mich nicht zerstören kann.

Julies Geschichte macht einen wichtigen Punkt deutlich: Selbst wenn ihr früherer Ehemann niemals Reue gezeigt hat, so muß sie ihm trotzdem vergeben. Wenn sie das nicht tut, dann wird ihre Verbitterung sie immer an ihn ketten, und er wird weiterhin ihre Gedanken und Gefühle beeinflussen. Sie wird ihr ganzes Leben lang verletzt sein durch das, was er ihr und den Kindern angetan hat. Doch indem sie ihre Wut und ihren Haß losläßt, indem sie erkennt, daß Verbitterung verschwendete Energie ist, hat sie neue Kraft gefunden, ihre Kinder zu lieben und ihren eigenen Weg zu gehen.

Die nächste Geschichte spiegelt eine Wunde der jüngsten deutschen Geschichte. Nach der Wiedervereinigung Deutschlands 1989 wurde die sogenannte „Gauck-Behörde" damit beauftragt, die Akten des vormaligen DDR-Staatssicherheitsdienstes STASI für jedermann zugänglich zu machen. Viele Bürger Ostdeutschlands erfuhren erst dadurch, daß sie jahrelang durch die STASI beobachtet worden waren. Oft waren es Mitarbeiter, Nachbarn oder sogar Verwandte, die aus ideologischen Gründen oder auch weil sie erpreßt wurden, für die STASI arbeiteten (sogenannte IMs = Inoffizielle Mitarbeiter).

Theo Lehman, evangelischer Pfarrer, berichtet hier über den Schock, den er bei der Durchsicht seiner STASI-Akte erlebte. Was tun, wenn derjenige, der dich jahrelang verraten hat, nicht mehr am Leben ist? Seine Erfahrung: Der engste Freund – ein Judas.

An dem Tag, an dem ich zur Gauck-Behörde marschierte, um meine Akten zu lesen, las ich morgens im Herrnhuter Losungsbuch den Lehrtext: *„Ihr habt gehört, daß gesagt ist: du sollst deinen Nächsten lieben und deinen Feind hassen. Ich aber sage euch: Liebt eure Feinde und bittet für die, die euch verfolgen, damit ihr Kinder seid eures Vaters im Himmel."* Damit war die Marschrichtung klar. Und es war auch schon der erste Grund zum Danken. Ich weiß nicht, wie ich die folgenden Tage überstanden hätte, ohne die Möglichkeit, auch im Gebet damit umzugehen. Denn was vor mir lag, war nicht nur ein Berg Akten, sondern ein absoluter Hammer, von dessen Gewicht ich keine Ahnung hatte.

Jahrelang hatte ich nicht den Mut gehabt, Einsicht in meine Akte zu beantragen. Ich wußte nicht, wie ich mich verhalten würde, wenn ich unter den IMs Bekannte entdecken würde. Eine Ohrfeige geben? Vergeben? Sie zur Rede stellen? Ignorieren? Wie geht man mit so was um? – Vor lauter Unsicherheit und Unentschlossenheit ließ ich die Finger zunächst einmal ganz davon.

Dann passierte folgendes: Mein engster Freund, mit dem ich dreißig Jahre lang zusammen war, starb. Er war Atheist; wir hatten uns über den Jazz kennengelernt, und wer in den 60er Jahren Jazzfreund war, war automatisch „Staatsfeind". Man tauschte also nicht nur Schallplatten, sondern auch Informationen, Bücher, Witze. Und eben deswegen – wegen politischer Witze, Besitz verbotener Bücher usw. wurde mein Freund für einige Jahre verurteilt. Seine Haftzeit verbrachte er in einem STASI-Gefängnis.

In unserem ersten Gespräch an seinem Entlassungstag sagte er im Beisein seiner Mutter zu mir: „Um dort raus zu kommen, verkaufst du deine eigene Mutter." Wie ernst dieser Satz gemeint war, erfuhr ich erst nach seinem Tod. Bis dahin vergingen noch zwanzig Jahre, in denen wir neben vielen gemeinsamen Unternehmungen eisern an zwei Traditionen festhielten: Er kam mit seiner Frau zu meinem Geburtstag, und vor allem am 24. Dezember zum Gänseklein-Essen. Als er dann schwer erkrankte, habe ich ihn oft besucht. Ich habe an seinem Sterbebett gesessen und ein Vaterunser gebetet. Seine Frau ließ auf die Todesanzeige drucken, ihr Mann sei „im Glauben an Gott" gestorben.

Es gab noch einen ebenso langjährigen gemeinsamen Freund. Als dieser kurze Zeit später bei der Gauck-Behörde seine Akte las, drehte er durch: Man fand ihn, wirres Zeug redend, auf einer Parkbank am Friedhof und mußte ihn für einige Tage in eine Nervenklinik bringen. Was hatte ihn so aus der Fassung gebracht? Seine Akte war angefüllt mit Berichten eines IMs, dessen charakteristische Handschrift ihm sehr vertraut war – es war die Handschrift unseres gemeinsamen Freundes ... Ich konnte das erst gar nicht fassen, aber als ich die Aktenkopie mit der vertrauten Handschrift sah, mußte ich es glauben.

Damals faßte ich den Entschluß, endlich auch Einsicht in meine Akte zu beantragen. Ich sagte mir: Noch schlimmer kann es nicht kommen, und ich glaubte, jetzt der Konfrontation mit meiner Vergangenheit gewachsen zu sein. Aber obwohl ich das meiste schon wußte, haute es mich total aus den Schuhen, als ich die Berichte meines „Freundes" mit eigenen Augen las: Seit 1968, also seit seiner Entlassung aus der Haft, war er mein Judas – zusammen mit seiner Frau. Da die beiden unser Vertrauen genossen, bekamen sie unsere Wohnungsschlüssel, wenn wir in den Urlaub fuhren. Nun erfuhr ich, wie sie diese Wochen genutzt haben, um aus unserer Wohnung alles zu berichten.

Meine Frau hatte schon lange den Verdacht gehabt, daß die beiden für die STASI arbeiten, aber ich wies den Gedanken immer wieder zurück. Ich konnte es einfach nicht über mich bringen, meinen engsten Freund derartig zu verdächtigen. Hinterher war mein Entsetzen über meine mangelnde Menschenkenntnis ebenso groß wie über seine Heuchelei und über das System, das Menschen zu einem solch schizophrenen Verhalten bringen konnte. An meinem Tisch hatte er sich mit Kuchen vollgehauen, mit mir Geburtstag gefeiert, mit mir über die neuesten Honecker-Witze gefeixt – und anschließend ein Protokoll für die STASI geschrieben. Ungeheuerlich, unbegreiflich, nicht zu fassen!

Heute, am Ufer der Freiheit angekommen, fühle ich mich so wie der Reiter über den Bodensee, der erst im Rückblick erkennt, wie dünn das Eis war. Nach Aussage der STASI habe ich mich oft knapp unterhalb der Grenze der Gesetzesverletzung bewegt. Daß ich bei dem, was und wie ich gepredigt habe, nicht eingebrochen bin und nicht eingelocht wurde, auch trotz aller Verdächtigungen nicht unterging in Bitterkeit und Menschenverachtung, war – ich muß das wiederholen – eine einzige große Bewahrung.

Zum Schluß möchte ich an das Bibelwort erinnern, mit dem ich meinen Bericht begonnen habe. Denn auch das ist ein Grund zum Danken, daß es dieses Wort, daß es das Wort Gottes, daß es die Möglichkeit der Vergebung gibt. Ich las den Bericht eines Pfarrers, der zu „seinem" STASI-Spitzel ging, um ihm Vergebung zuzusprechen. Er kam aber nicht dazu, weil der Spitzel sie nicht wollte – er sah in dem, was er getan hatte, keine Schuld. Ich bin auch nicht dazu gekommen, meinem Spitzel-Freund die Vergebung zuzusprechen; er war ja schon gestorben. Seine Frau gab nur das zu, was wir ihr an Fakten vorhielten. Sie zog abschiedslos in eine andere Stadt. Von dort schrieb sie mir mit der Bitte, ich solle ihr und ihrem Mann vergeben. Ich habe ihr schriftlich geantwortet, daß ich ihr vergebe. Ob sie die Vergebung auch von Gott erbeten hat, weiß ich nicht. Ihrem Mann konnte ich sie nach seinem Tod nicht zusprechen. Vergebung gibt es nur für den, der sie haben will. Einem Toten gegenüber gibt es von mir aus nur Vergebungsbereitschaft. Er steht jetzt selbst vor seinem Richter. Und das ist das Furchtbarste, wenn ein Mensch durch das Leben und aus dem Leben geht, ohne Gottes Vergebung anzunehmen. Deshalb müssen wir unermüdlich alle Menschen einladen und bitten: „Laßt euch versöhnen mit Gott!"

Kapitel 7
Vergeben im Alltag

Als sie zum letzten Mal
in das tote Gesicht
meines Vaters schaute
sagte meine Mutter ohne
zu weinen, ohne zu lächeln
ohne Bedauern
aber *höflich*:
„Gute Nacht, Willie Lee, ich
seh dich morgen früh."
Und da wußte ich, daß die Heilung
all unserer Wunden
Vergebung ist,
welche die Verheißung zuläßt,
daß wir am Ende
wiederkehren.

Alice Walker

Viele von uns werden nie in die Situation geraten, einem Mörder oder Vergewaltiger zu vergeben. Aber wir alle stehen täglich vor der Herausforderung, unserem Partner, unseren Kindern, Freunden oder Kollegen zu vergeben – vielleicht ein Dutzendmal am Tag. Und diese Aufgabe ist nicht weniger bedeutsam.

In seinem Gedicht „Der giftige Baum" veranschaulicht William Blake, wie selbst kleine, alltägliche Ärgernisse aufblühen und tödliche Frucht hervorbringen können, wenn man sie unterdrückt und nicht ausspricht:

Ich war zornig auf den Freund:
Ich sprach's aus, mein Zorn gab Ruh'.

Ich war zornig auf den Feind:
Ich verschwieg's, mein Zorn nahm zu.

Und in Furcht begoß ich ihn
Und mit Tränen Tag und Nacht,
Und in Lächeln sonnt' ich ihn
Und in Listen falsch und sacht.

Und er wuchs bei Tag und Nacht
Und trug einen Apfel fein,
Und mein Feind sah seine Pracht,
Und er wußte, er war mein,

Und er stahl sich zu ihm, kaum
Daß gedunkelt war die Nacht:
Tot sah ich ihn unterm Baum,
Als ich morgens aufgewacht.

Die kleinen Ärgernisse des Alltags sind die Samen von Blakes Baum. Wenn sie in fruchtbare Herzen fallen, gehen sie auf und wachsen; wenn sie umsorgt und gepflegt werden, führen sie ein Eigenleben. Sie mögen klein und scheinbar unbedeutend sein; man wird sie zu Beginn kaum bemerken, und dennoch muß man diesen Groll überwinden. Blake zeigt uns in den ersten beiden Versen seines Gedichts, wie einfach dies sein kann: Wir müssen uns unserem Ärger sobald wie möglich stellen und ihn mit der Wurzel ausrotten, noch ehe er zu wachsen beginnt.

Ich selber habe früh in meinem Leben gelernt, mich nicht von kleinen Ärgernissen aufreiben zu lassen. Ich hatte größtenteils eine glückliche Kindheit, aber trotzdem habe ich natürlich auch unangenehme Erfahrungen gemacht. Ich war ein kränkelndes Kind. Kurz nachdem ich zur Welt gekommen war, teilten die Ärzte meiner Mutter mit, daß ich Hydrocephalus („Wasser im Hirn") hätte und nie würde gehen können. Obwohl sich diese Prognose als nicht zutreffend herausstellte – ich begann, mit zweieinhalb Jahren zu laufen –, bekam ich doch gleich den Spitznamen „Wasserkopf". Dies schmerzte vor allem meine Eltern, aber mich natürlich auch.

Ich war ziemlich einsam als Kind. Wir waren sieben Geschwister in unserer Familie, aber ich war der einzige Junge. Hinzu kam, daß mein Vater während meiner ersten fünf Lebensjahre nur zwei Jahre bei uns lebte. Ich sehnte mich wirklich sehr danach, Freunde zu haben.

Als ich sechs Jahre alt war, mußte mir ein großer Tumor am Bein entfernt werden. Dies war die erste von vielen ähnlichen Operationen, denen ich mich in den nachfolgenden drei Jahrzehnten immer wieder unterziehen mußte. Die Operation dauerte zwei Stunden, und die Gefahr, mich zu infizieren, war groß – die Operation fand zu einer Zeit statt, als es noch keine Antibiotika gab. Außerdem lebten wir in einem unerschlossenen Waldgebiet in Paraguay. Nachdem mein Bein genäht worden war, ging ich zu Fuß vom Krankenhaus zurück nach Hause. Niemand gab mir Krücken, geschweige denn einen kleinen Wagen. Noch heute sehe ich das schockierte Gesicht meines Vaters vor mir, als ich so ins Haus humpelte. Doch mein Vater verlor kein Wort darüber.

Das war typisch für meine Eltern. Wir Kinder hörten sie nie schlecht über andere Menschen reden, und sie ließen auch nie zu, daß wir das taten. Wie alle Eltern waren sie hin- und hergerissen, wenn sie das Gefühl hatten, daß eines ihrer Kinder von einem Lehrer oder sonst einem Erwachsenen ungerecht behandelt worden war. Aber sie waren davon überzeugt, daß die kleinen Ärgernisse des Alltags nur dadurch überwunden werden können, daß man Vergebung übt.

Als ich vierzehn Jahre alt war, siedelten wir in die USA über. Der Wechsel von einem kleinen Dorf in der Wildnis von Südamerika in eine öffentliche Oberschule im Staat New York bedeutete eine enorme Umstellung. Die englische Sprache war natürlich ein Hindernis für mich, aber ich war außerdem auch schüchtern, weil ich dachte, ich sei unbeholfen und ungeschickt. Jedes Kind möchte von seinen Klassenkameraden akzeptiert werden – niemand möchte ein Einzelgänger sein –, und ich wollte das natürlich auch nicht. Ich wollte unbedingt von ihnen akzeptiert werden, und ich bemühte mich sehr, meinen Klassenkameraden zu gefallen. Zunächst wurde ich gehänselt, besonders von einem Jungen, dem schon der Ruf vorauseilte, ein Rabauke zu sein. Dann begann ich zurückzuschlagen. Meine Freunde waren alle Immigranten wie ich, und wir machten uns ständig über diesen Jungen lustig. Wir sprachen untereinander Deutsch, weil wir wußten, daß er kein einziges Wort verstehen würde. Unsere Feindseligkeiten führten zu einigen blutigen Nasen.

Anfang Zwanzig mußte ich mich noch einmal damit auseinandersetzen, abgelehnt zu werden. Meine Beziehung zu meiner damaligen Freundin wurde immer intensiver, und wir verlobten uns, aber eines Tages ließ sie mich plötzlich im Stich. Es war ein innerer Kampf, ihr zu vergeben und auch mir zu vergeben, besonders, weil ich nicht den blassesten Schimmer hatte, warum sie die Beziehung beendet hatte. (Ich war überzeugt davon, daß es meine Schuld war, daß alles schiefgelaufen war, weil ich so ein tolpatschiger Eigenbrödler war.) Einige Jahre später zerschlugen sich meine Hoffnungen ein zweites Mal, als eine andere Frau unsere Beziehung nach einigen Monaten beendete. Die Welt um mich herum brach zusammen, während ich versuchte, mir darüber klarzuwerden, was passiert war. Was hatte ich bloß falsch gemacht?

Es dauerte eine lange Zeit, bis ich über meine Verletzungen hinweggekommen war und mein Vertrauen zurückgewonnen hatte. Aber mein Vater versicherte mir, daß ich zu gegebener Zeit schon die richtige Frau treffen würde, und dies hat sich auch als richtig herausgestellt, denn einige Jahre später traf ich meine jetzige Frau Verena.

*E*s ist viel einfacher, einem Fremden zu vergeben als einem Menschen, den wir kennen und dem wir vertrauen. Deshalb ist es so schwer, über den Verrat, den enge Freunde oder Kollegen begehen, hinwegzukommen. Sie kennen unsere geheimsten Gedanken, unsere Schwächen, unsere Launen – und wenn sie sich gegen uns wenden, gerät unsere Welt ins Wanken.

Pete, ein Freund aus Virginia, hat genau dieselbe Erfahrung gemacht:

Bevor ich in einen anderen Staat umziehen und mein Geschäft verlassen konnte, mußte ich mit meinem langjährigen Geschäftspartner zu einer Einigung kommen. Dies war deshalb etwas kompliziert, weil er und seine Frau mir sehr nahestanden; wir waren seit fünfzehn Jahren befreundet.

Niemand wollte mir einen Rat geben, wie ich die Vermögensverhältnisse unseres Unternehmens fair regeln könnte. Ich wollte nicht nur fair sein, sondern auch großzügig. Nichts sollte auf meinem Gewissen lasten. Also schlug ich vor, daß ich die Hälfte des Vermögens an dem Tag erhalten sollte, an dem ich das Geschäft verlassen würde, und sie sollten die andere Hälfte bekommen, außerdem die noch laufenden Aufträge, die bestehenden Ansprüche, aber auch das Vertrauenskapital, das die Firma besaß und mit dem sie weiter arbeiten konnte. Aber sie sahen die Sache ganz anders und weigerten sich seit dem Tag, an dem ich meine Kündigung einreichte, mit mir zu sprechen. Unglücklicherweise hatte ich zwei Monate im voraus gekündigt, deshalb war die Übergangszeit sehr lang, schweigsam und einsam, unterbrochen nur von kurzen wütenden Wortwechseln.

Wir hatten immer noch kein Übereinkommen unterzeichnet, als ich die Firma verließ. Wir beide hatten Anwälte eingeschaltet, aber das machte die Angelegenheit nur noch komplizierter. Ich hatte einen Außenstehenden als Schlichter vorgeschlagen, aber sie lehnten den Schlichter ab und suchten statt dessen den Rat eines Finanzberaters, mit dem wir seit sieben Jahren zusammengearbeitet hatten. Ich bin mir nicht sicher, was eigentlich vor sich ging, aber er verlor schnell seine Objektivität und arbeitete gegen mich.

Es wurden viele Angebote und Gegenangebote gemacht, bis wir uns schließlich geeinigt hatten. Sie bestanden darauf, daß sie den Scheck nicht eher als am 31. Dezember in die Post geben könnten, obwohl ich im Dezember ausgezahlt werden sollte. Erst später erfuhr ich, was diese Verzögerung bedeutete: Ich mußte auf die Hälfte des Einkommens des gesamten Jahres Steuern zahlen – obwohl ich meinen Anteil am Verdienst nur bis Ende Juni ausgezahlt bekommen hatte. Schließlich mußte ich 50000 Dollar Steuern zahlen. Ich war so wütend, daß ich einige Tage nicht schlafen konnte. Ich fühlte mich von meinem Freund und dem Finanzberater betrogen und hatte das Gefühl, sie hatten sich gegen mich verbündet, um mich fertigzumachen.

Ich mußte wirklich hart daran arbeiten, die Dinge, die geschehen waren, zu vergeben, aber irgendwie fand ich die Stärke dazu. Dann wurde mir klar, daß ich ihnen schreiben mußte und sie auch um Vergebung bitten sollte. Ich fühlte mich so befreit, als ich das Kuvert schloß und den Brief in die Post gab. Egal, wie sie antworten würden, ich mußte mich von meiner Wut befreien.

Ungefähr vier Wochen später rief mich eine Freundin an, die mir geraten hatte, meinem Freund zu verzeihen. Sie wollte sich erkundigen, ob ich es geschafft hätte zu vergeben. Ich sagte ihr, ja, das hätte ich, und sie antwortete: „Das dachte ich mir; ich habe bemerkt, wie auch er ganz befreit ist."

Leider begegnen wir dem Vertrauensbruch durch Freunde oder Kollegen überall. Mein Vater war Pastor in der Bruderhof-Gemeinschaft. Er war bekannt für seine Fähigkeit, andere

Menschen zu trösten und ihnen in schwierigen Situationen mit Rat und Tat zur Seite zu stehen. Man brachte ihm großen Respekt für diese Fähigkeit entgegen. Wo immer er war, wollten die Menschen mit ihm reden. Viele hatten Dinge, die sie sich von der Seele reden wollten; andere brauchten Rat oder nur jemanden, der ihnen zuhörte. Aber jene Fähigkeit, für die so viele Menschen ihn mochten, war auch der Grund, weshalb einige Menschen ihn beneideten.

Als ich geboren wurde, hatte mein Vater gesundheitliche Probleme mit den Nieren. Als ich heranwuchs, verschlimmerte sich seine Situation. Das Leben in Paraguay war schwierig; Krankheiten breiteten sich im Nu aus, und der Überlebenskampf wurde durch Spannungen in unserer Gemeinschaft noch erschwert. Die Verantwortung, die mein Vater aufgrund seiner Funktion als Ältester der Gemeinschaft trug, lastete schwer auf ihm. Dann, nach Wochen, in denen sich sein gesundheitlicher Zustand immer weiter verschlechtert hatte, teilten ihm die Ärzte mit, er habe nur noch 40 Stunden zu leben. Mein Vater rechnete mit dem Schlimmsten und rief die ganze Gemeinschaft an sein Bett. Er sprach den versammelten Menschen Mut zu, trotz der widrigen Umstände Stärke und Standfestigkeit zu bewahren. Er übertrug die Verantwortung für das Amt des Ältesten an eine Gemeinschaft von drei Männern. Unter ihnen befand sich auch ein Schwager meines Vaters.

Es stellte sich heraus, daß mein Vater sich wie durch ein Wunder wieder erholte, aber anstatt ihm die Verantwortung für das Amt des Ältesten wieder zu übertragen, erklärte die neue Führungsriege unserer Gemeinschaft, daß seine Amtstage gezählt seien. Der Arzt habe erklärt, er sei zu schwach, um eine solch anspruchsvolle Arbeit weiterhin bewältigen zu können. Der Hauptgrund, so sagten sie, sei seine „emotionale Instabilität", die er auf dem Höhepunkt seiner Krankheit gezeigt habe, als er bizarre Träume und Halluzinationen gehabt habe. Mein Vater war nicht jemand, der anderen seinen Willen einfach aufzwang, und deshalb beschloß er, nicht gegen diese Entscheidung anzukämpfen. Er begann, in unserer kleinen Missionsschule und im Krankenhaus zu arbeiten.

Meine Eltern durchschauten es damals nicht, aber dieser Umschwung war kein Zufall. Die entsprechenden Schritte, meinen Vater abzulösen, waren sorgfältig geplant gewesen, und man versuchte, ihn absichtlich von dem, was sein Lebenswerk war, zu trennen. Tatsächlich hatten die Ärzte nur einige Wochen Ruhe verordnet, aber diese Worte waren von der neuen Führungsriege zu ihren Zwecken umgedeutet worden. (Erst dreißig Jahre später entdeckte und erklärte ein anderer Arzt meinem Vater den wahren Grund für seine Halluzinationen, die nämlich eine Nebenwirkung der Beruhigungsmittel gewesen waren, mit denen man ihn behandelt hatte.) Niemals jedoch haben wir Kinder auch nur einen Hauch von Verbitterung an unserem Vater feststellen können.

Es dauerte allerdings nicht lange, bis in unserer Gemeinschaft neue Probleme auftauchten. Besorgt, daß echtes Mitleid durch Regeln und Vorschriften erstickt würde, erhoben meine Eltern und eine Handvoll anderer Mitglieder ihre mahnende Stimme, aber sie wurden mißverstanden. Man beschuldigte sie, daß sie die Gemeinschaft absichtlich spalten wollten, und einigen Mitgliedern, auch meinem Vater, wurde nahegelegt, aus der Gemeinschaft auszutreten. Obwohl er ein begabter Gärtner war (er hatte in Zürich Gartenbau studiert), konnte er überhaupt keine Arbeit finden. Die meisten Deutschen, die sich in Paraguay niedergelassen hatten, sympathisierten mit den Nazis und beäugten meinen Vater argwöhnisch, während die Briten und Amerikaner ihm mißtrauten, nur weil er Deutscher war. Schließlich fand er Arbeit als leitender Angestellter auf einer Farm in einer Leprakolonie.

In den vierziger Jahren gab es noch kein Heilmittel gegen Lepra, und seine Arbeit war deshalb extrem gefährlich. Man warnte ihn, er könne sich anstecken, und mehrere Ärzte sagten voraus, daß er seine Frau und seine Kinder vermutlich niemals wiedersehen würde. Die Ängste, die mein Vater litt, sind nur schwer zu beschreiben.

Ich werde nie vergessen, wie aufgeregt ich war, als Papa von der Leprakolonie nach Hause kam. Er trug mich auf dem Weg nach Hause auf seinen Schultern, und ich rief jedem Passanten zu: „Papa ist wieder da!" Meistens starrten uns die Leute nur mit ausdrucksloser Miene an.

Es dauerte Jahre, bis ich den wahren Grund herausfand, weshalb mein Vater aus der Gemeinschaft ausgeschlossen worden war: Er hatte das Gefühl, daß die Ältesten unserer Gemeinschaft zu autokratisch, repressiv und kaltherzig geworden waren. Als er sie um mehr Mitleid und Verständnis gebeten hatte, hatten sie ihm vorgeworfen, zu gefühlsbetont zu sein. Aber mein Vater reagierte auf diesen Vorwurf nicht mit Verbitterung.

Ich war schon über zwanzig, als ich diese Geschichten zum ersten Mal von alten Freunden meines Vaters hörte. Ich war entsetzt. Wie würde ich reagieren, so fragte ich mich, wenn ich von meinen Freunden und Kollegen, denen ich mein Vertrauen geschenkt hatte, ohne Erklärung ausgebootet würde?

Im Jahre 1980 hatte ich Gelegenheit, dies herauszufinden. Meine Gemeinschaft bat mich plötzlich, nach zehn Jahren von meinem Amt als Ältester zurückzutreten. Bis heute bin ich mir nicht vollständig im klaren darüber, weshalb das geschah. Auf jeden Fall spielte Eifersucht eine wichtige Rolle, also genau das, was meinen Eltern vierzig Jahre zuvor auch solche Schwierigkeiten gemacht hatte. Dieses Mal jedoch waren es meine Freunde, Kollegen und Geschwister, die sich größtenteils gegen mich wandten. Urplötzlich hatten dieselben Menschen, die mich immer für mein Tun gelobt und mich ermutigt hatten, an allem, was ich tat, etwas auszusetzen.

Verwirrt und wütend war ich versucht, mich mit ihnen anzulegen. Dieser Stimmungsumschwung kam für mich zu einem sehr ungünstigen Zeitpunkt. Meine Mutter war nur einige Wochen zuvor an Krebs gestorben, und soweit ich wußte, brauchte mich die Gemeinschaft mehr als je zuvor. Verzweifelt wollte ich auf Konfrontationskurs gehen und meine „rechtmäßige" Position zurückerobern. Mein Vater weigerte sich jedoch, meinen Gegenangriff zu unterstützen. Er erinnerte mich daran, daß wir letztendlich nicht dafür verantwortlich sind, was andere uns antun, sondern nur für das, was wir ihnen antun.

Während unseres Gesprächs merkte ich, daß ich nicht so rein und unschuldig war, wie ich gedacht hatte. Ganz tief in mir spürte ich, daß ich gegen einige Mitglieder der Gemeinschaft Groll hegte. Statt mich zu rechtfertigen, mußte ich um Vergebung bitten. Sobald ich das getan hatte, nahm meine Auseinandersetzung eine völlig neue Bedeutung an. Ich hatte das Gefühl, daß ein Damm tief in meinem Herzen gebrochen war. Alles, was ich bis dahin gespürt hatte, war der Schmerz, der von meinen verletzten Gefühlen und meinem gekränkten Stolz herrührte. Jetzt aber konnte ich es mir leisten, mich zu fragen: Sind diese Dinge, langfristig betrachtet, wirklich so wichtig?

Fest entschlossen, die Dinge klarzustellen und die Verantwortung für alle bestehenden Spannungen zu übernehmen, ging ich mit meiner Frau zu den Menschen, die wir in der Vergangenheit vielleicht verletzt hatten, und baten sie, uns zu vergeben. Als wir von einem zum nächsten gingen, fühlten wir, wie uns leichter ums Herz wurde.

Jenes Jahr war für meine Frau und mich sehr schmerzvoll, aber es war auch ein wichtiges Jahr. Es bereitete uns auf die Verantwortung vor, die wir jetzt tragen, indem wir lernten, mehr mit anderen Menschen mitzufühlen. Und wir haben bestimmte Dinge gelernt, die wir nie wieder vergessen werden. Erstens macht es nichts, wenn du von einem Menschen mißverstanden oder zu Unrecht beschuldigt wirst; es zählt allein, daß du nicht andere Menschen mißverstehst oder zu Unrecht beschuldigst. Zweitens können wir nichts an unserer eigenen Kraft, anderen zu vergeben, ändern, auch wenn der Entschluß, ihnen zu vergeben, immer von innen kommen muß. Diese Kraft ist nicht in uns selbst angelegt, sondern resultiert aus der Erfahrung, daß uns selbst schon einmal vergeben worden ist.

Jim und Carolyn Weeks machten im selben Jahr auch schwere Zeiten durch. Auch sie kamen zu dem Schluß, daß Vergeben der einzige Weg zur Versöhnung ist. Carolyn schreibt:

Im Jahre 1980 waren es fünf Jahre, die wir schon auf dem Bruderhof verbracht hatten, und wir wollten volle Mitglieder werden. Aber es war eine chaotische Zeit voller Ungewißheit, und wann immer wir etwas nicht verstanden, regten wir uns schnell auf und zogen uns in unseren Schmollwinkel zurück.

Schließlich entschlossen wir uns, darum zu bitten, einige Wochen außerhalb der Gemeinschaft verbringen zu können, so daß wir mit uns selbst wieder ins reine kommen und unseren inneren Frieden wiedererlangen konnten. Leider wurde unsere Bitte mißverstanden, und wir verließen die Gemeinschaft so, als ob es für immer wäre. Ich werde nie vergessen, wie es war, als wir abfuhren. Einige unserer Freunde kamen, um uns zu verabschieden, aber alles, was ich in mir fühlte, war eine schreckliche Leere.

Nur einige Wochen zuvor waren wir sicher gewesen, daß wir schon bald feste Mitglieder des Bruderhofs sein würden, und jetzt waren all unsere Träume wie Seifenblasen zerplatzt. Wir hatten alles aufgegeben, um dieses Leben leben zu können. Als junges, frischverheiratetes Paar waren wir mit unseren Geschenken, die wir noch nicht einmal ausgepackt hatten, angekommen. Wir hatten der Gemeinschaft unser Auto und alles, was wir hatten, gegeben.

Der Bruderhof sorgte dafür, daß wir einen Laster voller Möbel bekamen und stellte sogar einen Fahrer zur Verfügung, der uns zu unserem neuen Zuhause in Baltimore brachte. Dennoch kämpften wir mit einem Gefühl von Ablehnung. Wir versuchten, all unsere Erinnerungen an den Bruderhof zu löschen – es hatte viele schöne Momente gegeben – und stürzten uns in unser neues Leben.

Es dauerte acht Jahre, bis wir uns finanziell wieder erholt hatten, und das auch nur dank der Hilfe unserer Familien und Freunde. Zu diesem Zeitpunkt hatten wir unser Schicksal akzeptiert. Wir hatten beide sichere Arbeitsplätze, die Kinder gingen auf gute Schulen und hatten viele Freunde, und es dauerte nur noch wenige Jahre, bis wir die Hypothek auf unser Haus abbezahlt hatten. Aber wir fühlten uns trotzdem einsam und leer, und wir wußten, daß etwas fehlte. Zu Beginn hatten wir darüber gesprochen, in den Bruderhof zurückzukehren, aber nach einigen Jahren gaben wir diese Hoffnung vollständig auf. Wir selbst haben es damals nicht gemerkt, aber wir hatten eine hohe Mauer der Bitterkeit in unseren Herzen aufgebaut.

Dann, eines Morgens, ungefähr zehn Jahre nachdem wir den Bruderhof verlassen hatten, klingelte das Telefon, gerade als unsere Kinder zum Schulbus gingen. Ein Ehepaar vom Bruderhof war am Apparat. Sie seien in der Stadt und würden uns gerne sehen. Uns war anfangs nicht wohl bei dem Gedanken, aber wir luden sie zum Abendessen ein. Obwohl wir uns noch nicht ganz im klaren waren über unsere Gefühle, wußten wir, daß wir tief verletzt worden waren. Nachdem das Paar uns verlassen hatte, sahen wir vom Bruderhof niemanden mehr, bis wir ihn einige Monate später „nur für ein Wochenende" besuchten.

Wir kamen dann noch ein zweites Wochenende wieder und wurden zu einer außerordentlichen Mitgliederversammlung eingeladen, um unsere Position darlegen zu können und Klarheit zu schaffen, so daß wir zumindest wieder Freunde sein konnten. Das Treffen begann gut, aber am Ende mußten wir voller Schrecken feststellen, daß die Person, der wir am meisten vertraut hatten, uns am wenigsten verstand. Das tat weh. Nach diesem Treffen waren wir immer noch bereit, der Gemeinschaft in Freundschaft verbunden zu bleiben, aber nicht mehr.

Stell dir unsere Überraschung vor, als wir am nächsten Morgen feststellten, daß dieser Mann und seine Frau zwei Stunden gefahren waren, um uns zu sehen und uns um Vergebung zu bitten. Als wir hörten, daß sie gekommen waren, wollten wir sie erst nicht sehen; wir hatten zu große Angst davor, was wir sagen würden. Widerwillig waren wir dann doch bereit, mit ihnen zu sprechen. Zu unserer Überraschung kamen sie uns mit offenen Armen entgegen, und in ihren Augen standen Tränen. Sie sagten, es täte ihnen leid, und sie streckten uns ihre Hände als Friedensgruß entgegen. Was für ein Moment! Nach allem, was sie uns angetan hatten, nach einem zehnjährigen Alptraum, nach allem, was wir durchgemacht hatten, wie sollten wir jemals wieder zueinander finden? Eigentlich wollten wir nicht nachgeben, aber wir konnten einfach nicht anders. Wir faßten uns an den Händen, und wir vergaben ihnen ... Innerhalb weniger Monate waren wir wieder auf dem Bruderhof.

Als Jim und Carolyn erst einmal zurückgekehrt waren, dauerte es nicht lange, bis sie erkannten, daß sie selbst auch nicht ohne Schuld waren. „Wir mußten einsehen, daß alles zwei Seiten hat – daß wir stur und voreingenommen gewesen waren. Unser Stolz hatte sich einer Versöhnung in den Weg gestellt."

In den wenigsten Streitfällen kann man den Schuldigen allein auf einer Seite ausmachen. In unserem Stolz sehen wir oft nur die Fehler der anderen und sind blind unseren eigenen

Fehlern gegenüber. Wenn wir nicht etwas demütiger werden, können wir nicht vergeben, und uns kann auch nicht vergeben werden. Das ist schmerzhaft, aber zugleich ein unvermeidbarer und notwendiger Bestandteil unseres Lebens. Selbst wenn wir den Schmerz nicht leugnen, sondern anerkennen, ermöglicht die Vergebung es uns, ihn zu überwinden und zu einer Freude zu gelangen, die aus der Liebe kommt. M. Scott schreibt:

> Es gibt keine Möglichkeit, ein erfülltes Leben zu führen, wenn wir nicht bereit sind, von Zeit zu Zeit zu leiden, Depression und Verzweiflung, Furcht und Angst, Trauer und Traurigkeit, Wut und die Qualen des Vergebens, Verwirrung und Zweifel, Kritik und Ablehnung zu durchleben. Ein Leben ohne diese aufwühlenden Gefühle wäre nicht nur für uns ohne Nutzen; es wäre auch für andere Menschen ohne Nutzen. Wir können nicht heilen, ohne nicht auch die Möglichkeit zu akzeptieren, verletzt zu werden.[12]

Wirkliche Gemeinschaft – in der Familie, mit Freunden oder Kollegen – verlangt, daß wir unser Innerstes bloßlegen. C. S. Lewis ist sogar so weit gegangen zu behaupten, daß „lieben an sich bedeutet, verwundbar zu sein. Der einzige sichere Ort außerhalb des Himmels, an dem du dich vor den Gefahren der Liebe ganz sicher fühlen kannst, ist die Hölle."[13]

Jim und Carolyns Geschichte macht jedoch deutlich, daß Vergebung Menschen wieder zusammenführen kann. Wenn man schwere Zeiten erfolgreich meistert, dann kann das zu noch stärkerer Liebe führen. Es kann dazu führen, daß das Band der Einheit nicht geschwächt, sondern gestärkt wird.

Kapitel 8
Vergeben in der Ehe

> Die Leute fragen mich oft, welchen Rat
> ich einem verheirateten Paar gebe, in
> dessen Ehe es kriselt. Ich sage dann
> immer: Betet und vergebt einander. Und
> zu jungen Leuten aus gewalttätigen
> Elternhäusern sage ich immer: Betet und
> vergebt einander. Und selbst zu der allein-
> erziehenden Mutter ohne Unterstützung
> durch eine Familie sage ich: bete und
> vergib.
>
> *Mutter Teresa*

*A*us meiner langjährigen Erfahrung als Eheberater weiß
ich, daß eine Ehe wirklich zur Hölle auf Erden werden kann,
wenn ein Mann und eine Frau sich nicht jeden Tag vergeben.
Ich habe auch festgestellt, daß die schwierigsten Probleme oft
mit vier einfachen Worten aus der Welt geschafft werden können: Es tut mir leid.

Seinen Partner um Vergebung zu bitten, kann sehr schwierig sein. Es bedeutet, daß man demütig ist und sich und dem
anderen die eigenen Schwächen und Fehler eingesteht. Und
genau dies ist es, was eine Ehe gut funktionieren läßt: Beide
Partner leben in Demut miteinander, im Bewußtsein ihrer ge-
genseitigen Abhängigkeit.

Dietrich Bonhoeffer, der aufgrund seines Widerstandes
gegen das Naziregime in den dreißiger Jahren von Hitler inhaftiert wurde, sprach vor der kleinen Gemeinschaft, die er
gegründet hatte, oft von der Notwendigkeit, „in Vergebung
miteinander zu leben", denn ohne Vergebung könne keine

menschliche Beziehung – am wenigsten eine Ehe – überleben: „Seid nicht rechthaberisch gegeneinander", schrieb er einmal, „urteilt und richtet nicht übereinander, schiebt nie einander die Schuld zu, sondern nehmt euch auf, wie ihr sei, und vergebt einander täglich von Herzen."[14]

In einunddreißig Ehejahren haben Verena und ich nicht gerade wenige Gelegenheiten gehabt, in denen wir unsere Bereitschaft zu vergeben erproben konnten. Nur eine Woche nach unserer Heirat hatten wir die erste Krise. Meine Schwester, eine Künstlerin, hatte uns wunderschönes selbstgemachtes Geschirr geschenkt. Wir hatten meine Eltern und meine Schwester zum Abendessen in unsere frischbezogene Wohnung eingeladen, und Verena hatte den ganzen Nachmittag in der Küche gestanden, um das Essen vorzubereiten. Ich hatte den Tisch mit dem Geschirr meiner Schwester gedeckt. Meine Familie kam, und wir setzten uns an den Tisch, um zu essen. Plötzlich brachen beide Enden des Tisches zusammen – ich hatte die Scharniere des ausgezogenen Tisches nicht richtig einrasten lassen. Essen und zerbrochenes Geschirr lagen überall verstreut auf dem Boden, und meine Frau lief weinend aus dem Zimmer. Es dauerte Stunden, bevor sie mir verzeihen konnte und bevor wir zusammen über dieses Mißgeschick lachen konnten. Inzwischen ist diese Episode zu einer Familienlegende geworden.

Als wir erst einmal acht Kinder hatten, gab es genügend Gründe, weshalb wir nicht immer einer Meinung waren. Verena badete die Kinder jeden Abend und zog ihnen danach frische Schlafanzüge an. Dann setzten sie sich auf die Couch und warteten auf mich mit ihren Lieblingsbüchern in der Hand. Wenn ich von der Arbeit nach Hause kam, hatten sie jedoch oft noch Lust, mit mir zu spielen. Manchmal führte das dazu, daß wir im Hof herumtobten. Verena erinnert sich noch gut – aber nicht besonders gerne – daran, wie lange es gedauert hat, bis sie endlich die Grasflecken und den Dreck aus den Schlafanzügen hatte.

Die meisten unserer Kinder hatten Asthma, und als sie noch klein waren, wachten wir fast jede Nacht durch ihr Husten und ihr pfeifendes Atmen auf. Dies führte auch zu einigen Unstimmigkeiten zwischen uns, besonders, wenn meine Frau mich daran erinnerte, daß ich genauso aufstehen und mich um die Kinder kümmern könnte wie sie.

Wir haben uns auch sehr oft über meine Arbeit gestritten. Als Vertreter unseres Verlages verbringe ich zahllose Tage im Auto unterwegs. Und weil der Westen des Staates New York mein Vertretungsgebiet war (Buffalo, Rochester und Syracuse), war ich oft sechs oder sogar acht Autostunden von zu Hause entfernt. Später, als Ältester der Gemeinschaft, mußte ich viele Reisen nach Kanada, Europa und sogar Afrika unternehmen. Ich verteidigte diese Reisen immer als „ungemein wichtig", obwohl diese Behauptung meine Frau nur wenig beruhigte, die meinen Koffer packte, sich an den hektischen Tagesablauf gewöhnte und oft mit den Kindern allein zurückblieb.

Dann gab es da noch die *New York Times*. Nach einem langen Tag unterwegs konnte ich nicht einsehen, was so schlimm daran war, daß ich es mir für ein paar Minütchen mit der Zeitung auf dem Sofa bequem machen wollte, während die Kinder glücklich um mich herum spielten. Diese Meinung habe ich lautstark vertreten. Erst später sah ich ein, wie egoistisch das meiner Frau gegenüber war.

Ich frage mich oft, was wohl aus unserer Ehe geworden wäre, wenn wir nicht von Anfang an gelernt hätten, einander tagtäglich zu vergeben. Es gibt so viele Paare, die im selben Bett schlafen und im selben Haus wohnen, aber innerlich Meilen voneinander entfernt sind, weil sie einen Wall aus Groll aufgebaut haben. Die Steine dieser Mauer können sehr klein sein – der vergessene Geburtstag, ein Mißverständnis, ein Geschäftstermin, der Vorrang hatte vor einem lange geplanten Familienausflug. Aber solche Kleinigkeiten können schließlich in einer Katastrophe enden.

Viele Ehen könnten gerettet werden, wenn die Menschen einfach einsähen, daß niemand ohne Fehler ist. Viel zu oft gehen Paare von der irrtümlichen Annahme aus, daß man in einer „guten" Beziehung nicht streitet und nicht unterschiedlicher Meinung ist. Diese überzogenen Erwartungen können natürlich nicht erfüllt werden, und die Partner ziehen sich enttäuscht zurück; es dauert nicht lange, und sie trennen sich, weil sie nicht „zueinander passen".

Menschliche Unvollkommenheit bedeutet, daß wir Fehler machen und uns gegenseitig verletzen, unbewußt oder sogar bewußt. Ich habe in meinem Leben erfahren, daß es nur eine zuverlässige Lösung für dieses Problem gibt, und die lautet, daß man, wenn nötig, 70 mal am Tag vergeben sollte. C. S. Lewis schreibt:

Wie können wir die unablässigen Provokationen des Alltags vergeben – wie können wir immer wieder der gebieterischen Schwiegermutter, dem gehässigen Ehemann, der ewig herummäkelnden Ehefrau, der egoistischen Tochter, dem unaufrichtigen Sohn vergeben? Ich glaube, dies geht nur, wenn wir uns daran erinnern, wo wir stehen, indem wir die Worte, die wir jeden Abend in unserem Gebet sprechen, wirklich ernst meinen: „Vergib uns unsere Schuld, wie auch wir vergeben unseren Schuldigern."[15]

Die Macht der Vergebung läßt sich wunderbar anhand der Geschichte meiner Schwiegereltern, Hans und Margrit Meier, veranschaulichen. Hans war ein willensstarker Mann, und seine Dickköpfigkeit war mehr als einmal der Grund, daß sich die beiden immer wieder phasenweise trennten. Als überzeugter Antimilitarist wurde er nur wenige Monate nach ihrer Heirat 1929 ins Gefängnis gesperrt, weil er sich weigerte, der schweizerischen Armee beizutreten.

Kurz nach seiner Entlassung wurde das Paar wieder getrennt. Margrit hatte den Bruderhof entdeckt und wollte in unsere Gemeinschaft aufgenommen werden. Hans, ein religiöser Sozialist mit ganz anderen Vorstellungen vom Leben in einer Gemeinschaft, wollte das nicht. Margrit hatte nur kurze Zeit zuvor ihre erste Tochter zur Welt gebracht, und sie bat ihn inständig, mit ihr zu kommen. Hans ließ sich jedoch nicht so einfach umstimmen. Es dauerte mehrere Monate, ehe sie ihn davon überzeugen konnte, ihr zu folgen.

Dreißig Jahre und elf Kinder später trennten sie sich noch einmal. Zu dieser Zeit lebten sie in Südamerika. Das war 1961, eine Zeit interner Unruhe und Verwirrung im Bruderhof. Unfähig, seine eigenen Fehler zu sehen – oder die der anderen zu verzeihen –, entfremdete sich Hans seiner Frau und der Gemeinschaft. Margrit und die Kinder zogen in die USA. Hans stellte sich auf die Hinterbeine und siedelte sich in Buenos Aires an, wo er die nächsten elf Jahre lebte.

Es gab keinerlei äußere Anzeichen für Feindseligkeit, aber es gab auch kein Anzeichen dafür, daß die beiden sich miteinander versöhnten. Langsam baute sich eine Mauer der Verbitterung zwischen den beiden auf, die drohte, sie für immer voneinander zu trennen. Als ich Verena 1966 heiratete, kam Hans noch nicht einmal zu unserer Hochzeit, und unsere Kinder wuchsen ohne ihren Großvater mütterlicherseits auf.

1972 flog ich mit Verenas Bruder Andreas nach Buenos Aires und versuchte, eine Art Versöhnung in die Wege zu leiten, aber Hans zeigte wenig Interesse – zumindest zu Beginn. Er wollte immer nur seine Version der Geschichte erzählen und ließ uns zum hundertsten Male wissen, wie oft er verletzt worden war. Am letzten Tage unseres Aufenthalts konnte man aber eine Veränderung an ihm bemerken. Er kündigte an, daß er uns in den USA besuchen kommen werde. Er bestand darauf, daß er nur für zwei Wochen kommen und ein Rückflugticket kaufen werde. Aber das war zumindest ein Anfang.

Als Hans uns schließlich besuchen kam, waren wir enttäuscht. Hans konnte einfach nicht vergeben. Wir unternahmen alles Menschenmögliche, frühere Streitigkeiten zu bereinigen und gaben zu, an seiner großen, langanhaltenden Entfremdung mitschuldig zu sein. Aber wir kamen nicht vorwärts. Vom Kopf her wußte Hans, daß die einzige Sache, die zwischen uns stand, seine Unfähigkeit zu vergeben war. Aber er konnte sich einfach nicht dazu durchringen.

Dann kam der Wendepunkt. Mitten in einer Gemeindeversammlung nahm mein Onkel Hans-Hermann, der schwer an Lungenkrebs erkrankt war, all seine verbliebenen Kräfte zusammen, ging auf Hans zu, tippte ihn an die Brust und sagte zu ihm: „Hans, die Verwandlung muß hier stattfinden!" Diese Worte kosteten meinen Onkel viel Energie: Hans-Hermann erhielt zusätzlich Sauerstoff durch einen Nasentubus und konnte kaum sprechen. Hans war völlig entwaffnet. Seine eisige Kühle schmolz dahin, und er entschloß sich, auf der Stelle zu vergeben … und wieder zurückzukommen. Nach einer kurzen Reise nach Argentinien, um dort seine Angelegenheiten abzuwickeln, kam er zurück zu Margrit und der Gemeinschaft. Schnell wurde er wieder zu dem gleichen engagierten, energiegeladenen Mitglied, das er Jahrzehnte zuvor gewesen war.

In all den Jahren, die er außerhalb der Gemeinschaft verbracht hatte, hatte Hans nie eine andere Frau angerührt. Während dieser ganzen langen Zeit hatte Margrit täglich darum gebetet, daß ihr Mann zurückkehren möge. Beide waren sehr verletzt worden, und es dauerte lange, bis sie einander wieder vertrauen konnten. Als ihr Schwiegersohn kann ich bestätigen, daß sie in Liebe und Freude mit sich und ihren Kindern, Enkelkindern und Urenkelkindern zusammenlebten, bis Margrit sechzehn Jahre später starb.

Selbst wenn wir jemandem vergeben, der uns sehr verletzt hat, ist es nicht dennoch natürlich, daß ein Stück der Empörung über das, was uns angetan wurde, zurückbleibt? Dies ist eine schwierige Frage, aber vielleicht hat dieses Gefühl mehr mit einem menschlichen Verlangen nach Gerechtigkeit als mit Vergebung zu tun. Hans und Margrit haben erfahren, daß Vergebung mehr ist als Gerechtigkeit. Sie ist ein Geschenk. Und jenen, die dieses Geschenk nicht annehmen können, mag es irrational oder gar dumm erscheinen.

Die Geschichte meiner Schwiegereltern verdeutlicht, daß selbst die Wunden, die aus einer langen Trennung resultieren, heilen können. Aber kann sich eine Ehe, in der einer der Partner durch Ehebruch oder Mißachtung verletzt worden ist, jemals wieder davon erholen? Es ist einfach, mit nein darauf zu antworten, aber ich habe die Erfahrung gemacht, daß sich die meisten Menschen ändern können, vorausgesetzt, man läßt ihnen ausreichend Zeit, sie sind motiviert und bekommen Unterstützung. Liebe versöhnt und vergibt. Selbst wenn die Umstände eine vorübergehende Trennung erforderlich machen, ist treue Liebe der einzige Weg zur Heilung und zu einer Wiedervereinigung. Jene, die sich scheiden lassen und dann wieder heiraten, geben einer möglichen Versöhnung in der Zukunft keine Chance.

Es kann natürlich Jahre dauern, bis der enorme Vertrauensbruch verheilt ist. Zu Beginn mag es für ein Paar notwendig sein, getrennt voneinander zu leben und therapeutische Hilfe in Anspruch zu nehmen. Manchmal reicht es auch, daß sich jemand um sie kümmert, dem beide vertrauen. Sie müssen die Bereitschaft haben, das alte Vertrauen wieder aufzubauen, so daß die Ehe neu begründet werden kann.

Als ich dieses Buch zu schreiben begann, hatte ich gerade mit der Beratung eines Paares angefangen, dessen Ehe durch Ehebruch zerstört worden war. Ed und Carol waren seit neun Jahren verheiratet. Schon vor ihrer Heirat hatte Ed viel getrunken, und dies belastete die Ehe von Beginn an. Obwohl sie zusammen in einem Haus wohnen blieben, entfernten sie sich innerlich immer weiter voneinander. Nach einigen Jahren Ehe hatte Ed eine heimliche Affäre mit einer Nachbarin.

Carol wurde immer depressiver, obwohl sie nicht recht wußte, wieso.

Ed und Carol kamen Mitte der neunziger Jahre das erste Mal zum Bruderhof. Nach nur wenigen Tagen gestand Ed ihr seine Affäre. Sein schlechtes Gewissen gab ihm keine Ruhe, und er konnte sein Geheimnis nicht länger mit sich herumtragen. Carol war vollkommen am Boden zerstört. Sie hatte seit langer Zeit das Gefühl gehabt, daß etwas nicht stimmte, aber sie hatte Ed solch einen Vertrauensbruch niemals zugetraut. Sie war furchtbar wütend und sagte Ed, sie betrachte ihre Ehe als beendet, und daß sie ihm niemals würde verzeihen können.

Es fiel mir nicht schwer, Carols Gefühle zu verstehen, aber mir war von vornherein klar, daß die tiefen Wunden, die Ed ihr zugefügt hatte, niemals heilen würden, wenn sie ihm nicht vergeben könnte. Ich sagte ihr, daß sie sich nur weiter von Ed entfernen würde, wenn sie ihre Ehe als gescheitert betrachtete, und daß dies die Möglichkeit ausschlösse, daß sie jemals wieder zusammenkämen.

Gleichzeitig riet ich ihnen aber auch, daß sie sich trennen und jeder von ihnen eine Therapie machen solle. Solch eine Trennung würde jedem der beiden, sowohl Ed als auch Carol, helfen, mit sich ins reine zu kommen. Es würde keine „schnelle Lösung" geben, und der Prozeß sei lang und schmerzhaft. Sie mußten ihre Beziehung von Grunde auf neu aufbauen.

Ed und Carol trennten sich für mehrere Monate, aber während dieser Zeit machten beide entscheidende Fortschritte in ihrer Beziehung. Zunächst kommunizierten sie nur per Telephon. Später wurden ihre Gespräche immer länger und entspannter, und sie begannen, einander zu besuchen. Ed hörte auf zu trinken. Nach und nach ersetzten die Freude und die Freiheit, die einem Schuldbekenntnis folgen, die qualvollen Monate der Selbsterforschung. Carol kämpfte mit vielen schwierigen Momenten, aber sie wollte noch einmal von vorn beginnen – nicht nur um der Kinder willen, die bei ihr geblieben waren, als Ed ausgezogen war, sondern auch um ihrer selbst willen.

In ihr keimte eine neue Liebe zu Ed auf. Am wichtigsten war, daß sie Ed vollkommen vergeben konnte. Als sie erst einmal erkannt hatte, daß sie nicht völlig schuldlos an ihrer Entfremdung war, konnte sie Ed viel besser verstehen.

Jetzt, zehn Monate später, sind Ed und Carol wieder zusammen. In einem speziellen Gottesdienst haben sie ihren Neuanfang gefeiert, sich öffentlich vergeben und ihre Ehe neu begründet. Dann haben sie mit strahlenden Gesichtern neue Ringe ausgetauscht.

Ed und Carol sind nicht das erste Paar, das ich nach dem Ehebruch eines der Partner beraten habe, und sie werden vermutlich auch nicht das letzte sein. Aber ich bin voller Zuversicht, daß auch andere Paare die Stärke finden werden, diesen Sturm zu überstehen, solange beide Partner den Willen zeigen, Erneuerung auf der Basis von gegenseitigem Vergeben und Liebe zu suchen.

Kapitel 9
Den Mißbrauch durch Eltern vergeben

> Es ist ein befreiendes Gefühl, wenn wir
> uns bewußt werden, daß wir nicht
> zwangsläufig Opfer unserer Vergangen-
> heit sind, sondern lernen können, anders
> zu reagieren. Aber es gibt einen Schritt,
> der noch weiter als diese Erkenntnis führt
> ... Es ist der Schritt der Vergebung. Verge-
> bung ist praktizierte Liebe unter Men-
> schen, die nicht genug lieben. Sie macht
> uns frei, ohne etwas als Gegenleistung zu
> verlangen.
>
> *Henri J. M. Nouwen*

Viele Menschen kämpfen heute darum, sich von einer schmerzvollen Vergangenheit zu befreien. Zahllose Menschen sind zutiefst verletzt worden, weil sie in ihrer Kindheit Mißbrauch erfahren haben – auf psychischer Ebene, körperlicher Ebene und, am allerschlimmsten, auf sexueller Ebene. Fernsehsendungen und Zeitschriften setzen sich tagtäglich mit diesen Themen auseinander. In einer Sendung nach der anderen bieten Überlebende einem gesättigten und gleichgültigen Publikum ihre leidvollen Geschichten dar. Aber es scheint, daß sie, auch wenn sie noch so oft ihre Seele bloßlegen, nicht den Frieden finden, den sie suchen. Wie aber können sie diesen Frieden finden?

Ronald wuchs auf einer Farm im Westen von Pennsylvanien auf. Ungefähr vierzig Familienmitglieder teilten sich ein Haus und versuchten, von den Erträgen des Ackerlandes zu leben. Seine Kindheit war von Brutalität bestimmt: Er erzählt von Cousins, die sich gegenseitig aufzuhängen versuchten, und einer Großmutter, die mit einer Schrotflinte, die mit grobkörnigem Salz geladen war, auf ungehorsame Kinder zielte.

Ronalds Vater war jedoch ein intelligenter Mann. Er verließ schließlich mit seinen Kindern die Farm und zog nach Long Island, wo er Arbeit gefunden hatte. Seine finanzielle Situation verbesserte sich zwar, nicht aber seine menschlichen Beziehungen. Seine Frau verließ ihn, und er verprügelte seine Kinder regelmäßig, manchmal auf brutalste Weise. Jeden Mittag kehrte Ronald voller Angst vor seinem gewalttätigen Vater von der Schule nach Hause zurück.

Dann wurde sein Vater in einem Autounfall schwer verletzt. Er hatte sich das Genick gebrochen, und seitdem war er vom Hals abwärts gelähmt. Früher war er der Tyrann im Hause gewesen, jetzt war er gelähmt und völlig von der Hilfe anderer abhängig.

Ronald war zu dem Zeitpunkt ein junger Erwachsener, und er hatte jeden Grund, seinen Vater im Stich zu lassen. Warum sollte er zu Hause bleiben und sich um den Mann kümmern, der sein Leben ruiniert hatte? Aber er ist nie von der Seite seines Vaters gewichen. Obwohl die Kranken- und Behindertenpflege einige Pflegeleistungen übernahm, kümmert er sich größtenteils selbst um seinen Vater. Seit Jahren sorgt er tagtäglich gewissenhaft für ihn – er wäscht ihn, kleidet ihn an und bewegt die leblosen Gliedmaßen, die ihn früher einmal grausam geschlagen haben, manchmal sogar so sehr, daß er bewußtlos wurde. Oft fährt er ihn im Rollstuhl nach draußen, und sie sprechen über die emotionalen Kämpfe, die sie beide ausgefochten haben und noch immer ausfechten.

Manchmal holt die Vergangenheit Ronald noch ein, aber er sagt, daß er jetzt ein Maß an Frieden gefunden hat, das er in seiner Kindheit schmerzlich vermißte. Mehr als alles andere zeugt die Tatsache, daß er sich so liebevoll um seinen Vater kümmert, von der Vergebung und dem Heilungsprozeß, den er und sein Vater durchgemacht haben.

Karl Keiderling, ein Mitglied der Bruderhof-Gemeinschaft, der 1993 gestorben ist, hatte auch eine schwierige Kindheit. Als einziger Sohn einer deutschen Arbeiterfamilie wurden seine ersten Lebensjahre vom Ersten Weltkrieg und der wirtschaftlichen Krise, die folgte, überschattet. Seine Mutter starb, als er vier war, und seine Stiefmutter, als er vierzehn war. Nach ihrem Tod setzte sein Vater eine Annonce in die Zeitung, die Karl bewußt ausklammerte: „Witwer mit drei Töchtern sucht Haushälterin; spätere Heirat nicht ausgeschlossen."

Mehrere Frauen bewarben sich auf die Annonce, und eine nahm die Stelle schließlich an. Erst später erfuhr sie, daß es auch einen Jungen in diesem Haus gab, und sie vergab Karls Vater nie, daß er ihr dies verheimlicht hatte. Karls Essen war immer schlechter als das Essen der restlichen Familie, und sie beklagte sich ohne Unterlaß über ihn.

Karls Vater seinerseits schwieg angesichts der unbeirrten, gefühllosen Haltung seiner Frau und unternahm nichts, um seinen Sohn zu verteidigen. Im Gegenteil, er begann wie sie seinen Sohn zu mißhandeln und schlug ihn oft mit einem Lederriemen, der mit Kupferringen besetzt war. Als Karl sich zu schützen versuchte, wurde sein Vater nur noch wütender und schlug ihn auf den Kopf und ins Gesicht.

Karl ging so früh er nur konnte von Zuhause fort. Er fühlte sich stark angezogen von der Jugendbewegung, die das Land in jenen Jahren erfaßt hatte, und er schloß sich Atheisten, Anarchisten und anderen an, die daran glaubten, daß sie die Welt verändern müßten, und die davon überzeugt waren, daß die Gesellschaft ganz anders werden müsse. Er wanderte durch Deutschland, bis er zum Bruderhof kam, wo er sich sofort zu Hause fühlte. Er entschied sich zu bleiben. Er beteiligte sich sofort mit glühendem Eifer am Leben der Gemeinschaft, aber seine Kindheitserlebnisse ließen ihn nicht los. Wieder und wieder flammte der Haß auf seine Eltern in ihm auf. Schließlich ging er zu meinem Großvater und schüttete ihm sein Herz aus mit all seiner Wut und allem Haß.

Der Rat meines Großvaters war überraschend: Mein Großvater riet Karl, daß er an seine Eltern schreiben und sie um Verzeihung bitten solle, um sich für die Situationen zu entschuldigen, in denen er bewußt ihre Gefühle verletzt oder ihnen Kummer gemacht hatte. Er riet Karl, nur seine eigene Schuld anzusehen, nicht die seiner Eltern. Zu Beginn war Karl überrascht, aber schließlich befolgte er den Ratschlag meines Großvaters. Sein Vater dankte Karl für seinen Brief, und obwohl er sich nie auch nur für ein einziges Leid, das er Karl angetan hatte, entschuldigte, konnte Karl doch Frieden finden und ein schmerzvolles Kapitel in seinem Leben abschließen. Er beklagte sich nie wieder über seine Kindheit.

Mary, eine Freundin unserer Familie, überwand schmerzvolle Erinnerungen an Mißbrauch auf eine ähnliche Weise:

Meine Mutter starb im Alter von zweiundvierzig Jahren. Mein Vater blieb mit acht Kindern im Alter von einem bis neunzehn Jahren zurück. Dieser Verlust verstörte unsere Familie zutiefst, und mein Vater hatte einen emotionalen Zusammenbruch, genau zu der Zeit, als wir ihn am meisten brauchten. Er versuchte, meine Schwester und mich sexuell zu belästigen, deshalb begann ich, seine Nähe zu fürchten und ihn zu hassen.

Er zog weg, als ich in Europa zu studieren begann, und ich sah ihn in den nächsten sieben Jahren gar nicht. Aber ich hielt an meinem Ärger fest, und er wuchs in mir.

Als ich nach Südamerika zurückkehrte, verliebte ich mich in einen alten Freund aus Kindheitstagen und verlobte mich mit ihm. Mein Vater wollte sich mit mir treffen, aber ich wollte nicht. Ich wollte ihn wirklich nicht sehen. Mein Verlobter bat mich inständig, ich solle doch meinen Vater treffen. Er sagte, ich könne solch ein Treffen nicht ablehnen und dürfe sein Versöhnungsangebot nicht abschlagen. Innerlich tobte ein wilder Kampf in mir, aber am Schluß willigte ich ein.

Wir trafen meinen Vater in einem Café. Bevor ich noch etwas sagen konnte, wandte er sich mir zu und bat mich um Vergebung. Ich war tief berührt und spürte, daß ich nicht länger an meinem Haß festhalten konnte.

Mißbrauch in der Kindheit ist vielleicht am schwersten zu vergeben. Das Opfer – das Kind – ist immer vollkommen unschuldig, wohingegen der Täter – der Erwachsene – immer voll schuldig ist. Warum sollten die Unschuldigen den Schuldigen vergeben? Viele Menschen, die in ihrer Kindheit Mißbrauch erfahren haben, glauben irrtümlich, daß sie selbst einen Teil der Schuld tragen: daß sie den Mißbrauch irgendwie verursacht oder sogar verdient haben. Tatsächlich besteht hierin die größte Macht des Täters über sein Opfer. Auch wenn der physische Mißbrauch selbst aufgehört hat, glauben viele Opfer, daß sie Komplizen der Täter seien. Dies ist Teil der Täter-Opfer-Struktur. Würde es nicht indirekt bedeuten, daß das Opfer zumindest einen Teil der Schuld trägt, wenn es seinem Täter vergibt?

Natürlich ist nichts weiter von der Wahrheit entfernt als dies. Vergebung ist deshalb nötig, weil sowohl Täter wie Opfer – die sich meistens kennen und oft sogar verwandt sind – Gefangene einer Dunkelheit sind. Beide werden Gefangene dieser Dunkelheit bleiben, bis jemand die Tür öffnet. Vergebung ist der einzige Weg nach draußen, und selbst wenn sich diejenigen, die uns mißbraucht haben, entschließen, in der Dunkelheit zu bleiben, dann sollte uns das nicht daran hindern hinauszugehen. Wenn wir die Tür offen stehen lassen, dann folgen sie uns vielleicht eines Tages hinaus ins Licht.

Kate, eine Großmutter auf dem Bruderhof, wurde in ihrer Kindheit auch mißhandelt. Nachdem sie sich über ihre eigenen Gefühle klar geworden war, erkannte sie jedoch, daß sie sich mit ihrer Mutter versöhnen konnte. Auch sie erlebte einen Wandel:

Ich wurde in einer kanadischen Kleinstadt kurz nach dem Zweiten Weltkrieg geboren. Ich war das älteste Kind einer Familie russisch-mennonitischer Herkunft. Wir waren Landwirte in einem Dorf, und die Lebensbedingungen waren äußerst primitiv.

Nachdem mein Vater die Farm verkauft hatte, mußte er jeden Tag in die Stadt gehen, um zu arbeiten. Die Baustelle meines Vaters war fünfundzwanzig Meilen entfernt, und nach einer Zwölf-Stunden-Schicht mußte er noch zu Hause das kleine Stück Land beackern, das uns geblieben war. Wir waren vier Kinder, allesamt Mädchen. Latent gab es viele Spannungen in unserer Familie, aber wir konnten sie uns nicht erklären. Als mein Bruder neun Jahre nach mir zur Welt kam, wurden die Spannungen noch größer. Meine Mutter war immer seltener zu Hause. Wir Kinder konnten das damals noch nicht erkennen, aber sie hatte zu trinken begonnen.

Bald kam Kates Mutter nur noch betrunken nach Hause, und danach trennten sich ihre Eltern. Es gab nichts, was auch nur im entferntesten so etwas wie einem Familienleben geglichen hätte. Das Haus verkam immer mehr, und die Wäsche wurde nie gewaschen. Alles hing von der dreizehnjährigen Kate ab:

Als Jamie, die jüngste von uns, in die Schule kam, war meine Mutter so gut wie nie zu Hause. Ich konnte nie meine Hausarbeiten machen und lernte nicht viel. Ich bin in der neunten Klasse sitzengeblieben und mußte das Jahr wiederholen.

Meine beiden jüngeren Schwestern gingen von zu Hause fort, fanden Arbeit und teilten sich eine Wohnung in der Stadt. Aber ich blieb zu Hause. Jemand mußte sich ja um die Kleinen kümmern. Und so schlecht ich es auch machte, zumindest hatten sie etwas zu essen.

Die Krankenhäuser in unserer Stadt, die geistig verwirrte und körperlich behinderte Menschen aufnahmen, waren überfüllt, und die Regierung begann, Menschen in Pflege zu geben, die nicht rund um die Uhr betreut zu werden brauchten. Dies schien meiner Familie eine gute Einkommensquelle zu sein, und meine Mutter nahm zwei ältere Männer und eine Frau auf.

Ich mußte mein Bett für einen der beiden Männer räumen und ein Doppelbett mit der Frau teilen, die jedoch oft nicht schlief. Ich sagte zu meiner Mutter, daß mich das krank machte und daß ich wolle, daß die Frau wieder zurück ins Krankenhaus käme. Doch meine Mutter lehnte das ab. Immerhin kam pünktlich zu Monatsbeginn ein Scheck ins Haus geflattert. Sie sagte, daß sie abends nach Hause kommen und mir helfen würde. Aber in was für einem Zustand sie nach Hause kam! Dann sagte sie immer, wenn es mich nicht gäbe, würde es ihr nicht so hundsmiserabel gehen.

Erst konnte ich nicht verstehen, was sie meinte, aber später erfuhr ich, daß meine Eltern gezwungen gewesen waren zu heiraten, weil meine Mutter schwanger mit mir war. Manchmal schlug sie mich. Wenn sie mich morgens fragte, woher die blauen Flecken in meinem Gesicht kämen, dann sagte ich, daß sie es gewesen sei. Sie behauptete dann immer, ich würde sie anlügen.

Als Kate sechzehn war, brach sie die Schule ab, um sich ganz der Pflege ihrer Geschwister zu widmen. Ungefähr um diese Zeit traf sie Tom, ihren zukünftigen Ehemann; zwei Jahre später heirateten sie. Sie erinnert sich noch daran, wie schuldig sie sich fühlte, als ihre Mutter sie vorwurfsvoll fragte: „Und wer soll jetzt die ganze Hausarbeit machen?" Nichtsdestotrotz zog Kate von zu Hause aus, und bald schon gründeten Tom und sie eine eigene Familie.

In dieser Zeit wollte ich meine Mutter einfach nur vergessen. Ich hatte meine eigene kleine Familie, und ich hatte die Eltern von Tom, die meine Kinder liebten. Plötzlich suchte meine Mutter den Kontakt zu mir, aber ich hatte zehntausend Gründe, wieso ich sie nicht besuchen konnte. Endlich saß ich am längeren Hebel und wollte ihr heimzahlen, was sie mir angetan hatte.

Zu dieser Zeit war die Scheidung zwischen meinen Eltern vollzogen. Meine Mutter hörte endlich auf zu trinken. Sie hatte erkannt, daß die Mischung aus Alkohol und blutdrucksenkenden Medikamenten sie umbringen würde. Trotzdem wollte ich keinen Kontakt zu ihr. Ich konnte ihr einfach nicht vertrauen.

Einige Jahre später wurden Tom und Kate Mitglieder des Bruderhofs. Kate erwartete ein weiteres Kind, und Tom lud ihre Mutter ein, die Geburt des Babys mitzuerleben.

Ich bin beinahe ausgerastet und wollte nichts mit der Sache zu tun haben. Ich sagte zu Tom: „Du rufst sie jetzt sofort noch einmal an und sagst ihr, daß sie nicht kommen soll; es ist mir egal, was du ihr sagst. Das hier ist mein Baby, und ich werde es nicht mit ihr teilen." Ich war ziemlich gemein. Schließlich ging ich zu einem der Seelsorger unserer Gemeinschaft, und wir setzten uns zusammen und redeten über die ganze Angelegenheit.

Er hörte mir schweigend zu und sagte dann: „Du mußt mit deiner Mutter Frieden schließen."

Ich sagte: „Du kennst meine Mutter nicht."

Er antwortete: „Das hat nichts mit deiner Mutter zu tun."

Schließlich kam meine Mutter tatsächlich. Ihr ging es

nicht gut, als sie ankam, und sie brauchte eine Menge Pflege. Ich machte es ihr nicht gerade leicht, aber schließlich konnten wir doch miteinander reden. Dann, in den letzten Tagen, bevor sie wieder nach Hause fuhr, spürte ich, daß es etwas gab, was sie mir mitteilen wollte. Mehr noch, sie schien sogar bereit, anzuhören, was ich ihr zu sagen hatte. Sie wollte eine neue Beziehung zu mir aufbauen – daran lag mir zu dem Zeitpunkt auch viel –, und sie war entschlossen, alles aus dem Weg zu räumen, was diesem Ziel im Wege stand. Ich merkte, daß sie sich noch nicht einmal bewußt war, was sie mir angetan hatte. Als ich dann bereit war, ihr zu vergeben, waren wir beide geheilt.

In der liebevollen Atmosphäre ihres Zuhauses schaffte es Kate, mit ihrer Mutter ins reine zu kommen. Sie konnte ihr die schlimmen Verletzungen ihrer Kindheit vergeben. Und sie machte auch eine wichtige Entdeckung: Der Grund, weswegen sie sich so lange als Fremde gegenübergestanden hatten, lag nicht nur im Mangel an mütterlicher Liebe, sondern auch in ihrer (noch so verständlichen) Kälte ihrer Mutter gegenüber.

Nicht in allen Fällen, in denen sich Eltern und Kinder entfremdet haben, ist die Schuld so einfach zuzuweisen. Susan, eine Frau aus Kalifornien, stammt aus einem ganz anderen Elternhaus und ist von ihren Eltern nie wirklich mißhandelt worden. Wie Kate war sie jedoch viele Jahre voller Bitterkeit ihrer Mutter gegenüber, und diese Verbitterung verschwand erst in dem Moment, als sie ihrer Mutter vergeben konnte.

Seit ich nur denken kann, habe ich eine schwierige Beziehung zu meiner Mutter. Ich habe ihre Wutausbrüche gefürchtet, ihre scharfzüngigen, sarkastischen Bemerkungen. Ich hatte immer das Gefühl, daß ich ihr nichts recht machen konnte. Als Folge davon war ich wütend auf sie, ich hatte eine richtig dicke Wut im Bauch. Ich hatte einen schwelenden Haß auf sie, und ich kapselte mich von ihr ab. Ich klammerte mich an Verletzungen, an die ich mich aus meiner Kindheit erinnerte, an scharfe Worte und einige Schläge (nichts davon war es wert, daß man sich daran erinnerte). Ich reagierte extrem empfindlich auf ihre Kritik und fühlte mich schnell zurückgesetzt.

Irgendwie hatten wir nie eine ehrliche, offene Beziehung. Statt dessen schaute ich zu anderen Erwachsenen in meinem Leben auf, vor allem zu meinen Lehrern.

Meiner Mutter mißfiel es, wie sehr ich an meinen Lehrern hing, aber sie drückte ihr Mißfallen nie direkt aus. Ich kann mich noch daran erinnern, wie sehr ich es mir wünschte, von einem meiner Lehrer adoptiert zu werden und so meiner Familie entfliehen zu können. Ich kann mich auch an starke körperliche Symptome meiner Einsamkeit erinnern, an negative Empfindungen, die meinen Körper in Wellen überfluteten.

In meinem verzweifelten Bemühen, akzeptiert zu werden, versuchte ich „brav" zu sein und versteckte meine wahren Gefühle. Es war wahrscheinlich auch nicht gut, daß wir unseren Eltern nie etwas entgegnen oder „nein" sagen durften, auch nicht anderen Verwandten gegenüber. Uns Kinder sollte man sehen, aber man durfte uns nicht hören.

Alles wurde nur noch schlimmer, als ich in die Pubertät kam. Ich fand immer mehr Wege, wie ich meine Wut abreagieren und das tun konnte, was ich wollte. Ich entwickelte Strategien, wie ich um meine Mutter herumschleichen und mich auf gewisse Weise an ihr „rächen" konnte. Daß ich heimlich eine Affäre mit unserem Pastor hatte, mit dem meine Eltern sich oft trafen, trug entscheidend dazu bei.

Diese Beziehung ging schließlich zu Ende, und ich heiratete einen anderen Mann, aber ich war mit meiner Mutter immer noch nicht im reinen. Tatsächlich war das eine ganz merkwürdige Beziehung zwischen uns beiden, weil ich immer noch verzweifelt um ihre Anerkennung rang.

Meine Mutter litt immer wieder längere Zeit unter körperlichen Beschwerden und hatte in diesen Jahren mehrere psychische Krisen, aber ich fand es sehr schwer, auch nur mit ihr mitzufühlen, geschweige denn Interesse zu zeigen. Ich wandte mich ihr schließlich zu, als sie eine Entziehungskur gegen ihren Alkoholismus machte. Eine ganze Woche lang waren wir uns sehr nahe, aber danach entfernten wir uns wieder voneinander. Ich machte sie dafür verantwortlich, obwohl ich jetzt nicht sagen könnte, wieso.

Schließlich wurde mir klar, daß ihr starkes, selbstbewußtes, kontrolliertes Äußeres nur der Panzer eines sehr unsicheren Menschen war, der selbst sehr unter bestimmten Erlebnissen aus der Kindheit litt. Wir versuchten beide auf je eigene Weise einander entgegenzukommen, aber wir hatten beide Angst vor Ablehnung, und deshalb waren unsere Versuche mehr als halbherzig. Ich schäme mich zuzugeben, daß ich nach zwei Wochen einfach aufgehört habe, mit ihr zu reden.

Der Durchbruch erfolgte einige Jahre später, als mich ein Freund dazu drängte, einige Kassetten anzuhören, auf denen Vorträge eines Mannes namens Charles Stanley aufgezeichnet waren. Obwohl ich noch nie von ihm gehört hatte, suchte ich nach Antworten auf viele Fragen in meinem Leben, also hörte ich sehr aufmerksam zu. Ich kann mich nicht mehr genau erinnern, was er sagte, aber es war genau das, was ich zu jener Zeit brauchte. Ich erkannte, daß ich meinen Teil dazu beigetragen hatte, daß die Beziehung zu meiner Mutter so unglücklich war, und ich wußte, daß ich um Vergebung bitten und selbst Vergebung schenken mußte.

Kurze Zeit später besuchte ich meine Eltern. Als ich allein mit meiner Mutter war, bat ich sie, mir das, was ich in der Vergangenheit getan hatte, zu vergeben und sagte ihr, daß auch ich ihr vergeben würde. Ich gab zu, daß ich mein ganzes Leben lang wütend auf sie gewesen war, selbst wenn ich nicht genau wußte, wieso. Sie verstand nicht, wieso ich wütend gewesen war, aber auch sie entschuldigte sich für die Verletzungen, die sie mir zugefügt hatte. Sie meinte: „Was geschehen ist, ist geschehen. Das kann ich nicht mehr rückgängig machen. Aber jetzt können wir es anders machen." Uns beiden tat dieses Gespräch gut. Ich konnte mich öffnen, ehrlich sein und meinem sehnlichsten Wunsch Ausdruck verleihen: zu lieben und geliebt zu werden als diejenige, die ich bin, und nicht für das, was ich mir einbildete, geben zu können.

Sobald sie ihre Wut ausgesprochen hatten, waren Susan und ihre Mutter in der Lage, ihre Beziehung auf anderer Basis neu zu begründen. Viele andere Menschen mit gleichen Geschichten leiden weiterhin sinnlos, weil sie nicht vergeben können. Wer wir sind oder aus welchem Elternhaus wir kommen ist nicht entscheidend. Wichtig ist, daß wir lernen zu vergeben. Dann geschehen Wunder. Schmerzvolle Erinnerungen werden von Zeit zu Zeit aufsteigen und die Sicht trüben, aber wir dürfen es nicht zulassen, daß sie unser Leben für immer überschatten. Selbst dort, wo Vergessen unmöglich ist – und sogar sein sollte –, müssen wir daran glauben, daß Vergebung nicht nur möglich, sondern sogar notwendig ist. Wenn wir vergeben, dann werden unsere Wunden heilen.

Kapitel 10
Wie wir uns selbst vergeben können

Wenn uns nicht vergeben würde, wenn
wir nicht befreit würden von den Konsequenzen dessen, was wir getan haben,
dann wäre unser Handlungsspielraum so-
zusagen auf eine einzige Tat beschränkt,
von der wir uns nie erholen würden; wir
blieben für immer Opfer der Konsequenzen dieser Tat, so wie der Zauberlehrling,
der den Zauberspruch nicht kannte, mit
dem er den Bann brechen konnte.

Hannah Arendt

*S*elbst wenn uns andere Menschen vergeben, können wir
uns selbst jemals vergeben? Viele Menschen quälen sich
selbst so sehr mit dem, was sie getan haben, daß sie nicht länger an die Möglichkeit glauben, Frieden finden zu können,
aber selbst diese Menschen sollten die Hoffnung nicht aufgeben.

Delf Fransham, ein kanadischer Quäker, konnte sich von
seiner Vergangenheit befreien, indem er anderen Menschen
seine Liebe zeigte. Wie bei vielen anderen, deren Geschichten
in diesem Buch erzählt werden, ereignete sich in seinem Leben ganz unerwartet eine Tragödie. Doch auf gewisse Weise
unterscheidet sich seine Geschichte völlig von den bisher ge-
schilderten: Die Person, der er vergeben mußte, war er selbst.

Ich traf Delf das erste Mal, als ich dreizehn Jahre alt war. Er
zog zu uns in unsere Gemeinschaft in Südamerika und begann, in unserer Schule zu unterrichten. Es gab elf Jungen in
unserer Klasse – wir alle waren ziemliche Rabauken –, und

nur wenige Tage nach seiner Ankunft beschlossen wir, ihn einer besonderen Prüfung zu unterziehen.

Es war ein typischer Tag für paraguayische Verhältnisse – sehr feucht und um die 39 Grad Celsius –, und wir boten ihm an, ihn auf eine Wanderung mitzunehmen. Wir wollten sehen, aus welchem Holz er geschnitzt war. Nachdem wir ihn mindestens zehn Kilometer durch den Dschungel, die Prärie und das Sumpfland geführt hatten, kehrten wir schließlich um. Kurz nachdem wir zu Hause angekommen waren, brach der Mann mit einem Hitzschlag zusammen.

Delf mußte einige Tage das Bett hüten, aber wir hatten deshalb kein schlechtes Gewissen. Wir hatten genau das erreicht, was wir wollten: Wir hatten bewiesen, daß er ein Schwächling war. Aber er sollte uns noch überraschen. An dem Tag, an dem er wieder unterrichtete, sagte er: „Jungens, laßt uns diese Wanderung noch einmal machen." Wir trauten unseren Ohren kaum! Wir haben die gleiche Route noch einmal gemacht, und dieses Mal wurde er nicht krank. Delf hatte sich unseren Respekt verdient und unsere Herzen erobert, und seit der Zeit haben wir ihm vertraut. Wir haben dann bald entdeckt, daß er bei weitem kein Schwächling war, sondern ein talentierter Athlet. Wir liebten es, mit ihm Fußball zu spielen.

Jahrzehnte später, und nur durch Zufall, fand ich heraus, weshalb Delf so viel Energie und so viel Liebe in unsere Schule gesteckt hatte. Er hatte seinen eigenen Sohn durch äußerst tragische Umstände verloren. Nicholas war im April 1951 geboren worden, als die Franshams in Georgia lebten. Als er kurz nach Weihnachten 1952 draußen spielte, lief er plötzlich auf einen LKW zu, mit dem sein Vater rückwärts in die Einfahrt einparkte. Der Lastwagen war voll mit Feuerholz beladen. Delf sah seinen Sohn erst, als es schon zu spät war.

Seine Frau Katie unterhielt sich gerade mit einer Nachbarin im Haus, als Delf ihren Sohn hereintrug, der nur noch schlaff in seinen Armen hing. Sie erinnert sich:

Ich war völlig außer mir, aber Delf beruhigte mich. Wir brachten unser Kind zu unserem Doktor in Clarkesville, der zugleich der Beamte war, der Todesfälle untersucht, die nicht eindeutig eine natürliche Ursache haben. Wir erklärten ihm, was passiert war ... Es stand außer Frage, daß ich meinem Mann vergab, denn ich wußte, daß ich mindestens ebenso schuldig an dem Unfall war wie er. Genauso machte er mich nicht verantwortlich für das, was geschehen war, sondern suchte die Schuld allein bei sich. Wir standen diese schwierige Zeit gemeinsam durch.

Aber Delf konnte sich selbst nicht vergeben, und der Unfall verfolgte ihn noch jahrelang. Seit damals verbrachte er besonders viel Zeit mit Kindern – Zeit, die er nicht mit seinem Sohn, den er getötet hatte, verbringen konnte. Wenn ich mich zurückerinnere, dann sehe ich ihn oft mit Tränen in den Augen, und jetzt weiß ich, daß er seinen Sohn in uns gesehen haben muß oder das, was aus seinem Sohn hätte werden können.

Seine Entschlossenheit, sich selbst für andere aufzuopfern, war seine Weise, die Tragödie, die er unwissentlich verursacht hatte, wiedergutzumachen. Ich bin überzeugt davon, daß ihn dies davor bewahrte, sich in Schuldgefühle zu verstricken. Es hat ihm sein Leben zurückgegeben und schließlich auch eine Art von Frieden.

David Harvey, ein Mann, der jetzt beinahe 70 Jahre alt ist, ging zur Armee, als er gerade mal 16 war, kurz vor Ende des Zweiten Weltkrieges. Nachdem er die meisten der noch verbleibenden Kriegsjahre über in der Ausbildung gewesen war, wurde er auch in Afrika, Deutschland, Italien, Hongkong, China und am Mittelmeer stationiert. Zu Beginn gefiel ihm das Leben als Soldat, mit all der Kameradschaft und dem Gemeinschaftsgefühl. Aber dann passierte etwas, was sein Leben für immer veränderte:

Ich habe einen Teil meines Dienstes in Kenya abgeleistet, und zwar gehörte es vor allem zu meinen Aufgaben, Polizeitätigkeiten zu übernehmen und Terroristen zu jagen. Ein Großteil der Zeit war ich damit beschäftigt, im Dschungel zu patrouillieren, um „Terroristen" und Essensträger aufzuspüren. Während einer dieser Patrouillen wurde ich in einen schlimmen Unfall verwickelt.

Während ich auf der Lauer lag, um eine Bande Terroristen aufzuspüren, gerieten wir in einen Hinterhalt. Es fielen viele Schüsse, und es herrschte große Verwirrung. Viele Befehle wurden mißverstanden. Die Patrouille teilte sich in zwei Gruppen auf. Meine Gruppe folgte direkt einem Tierpfad, während die zweite Gruppe sich auf beiden Seiten einen Weg durch den Busch bahnte. Jene im Busch überholten uns, und wir begannen schließlich, aufeinander zu schießen. Unmittelbar vor mir teilten sich die Büsche, und ich feuerte ab und schoß dem Kommandanten der Patrouille in den Kopf. Wir gaben unsere Mission auf und trugen den verwundeten Mann 16 Stunden lang auf einer provisorischen Bambus-Bahre durch den Urwald, um ihm medizinische Hilfe zu verschaffen.

Schließlich gab es ein Untersuchungsverfahren, und ich wurde vor dem Militärgericht freigesprochen. Aber mein Gewissen ließ mir keine Ruhe. Vier Jahre später lief meine Dienstzeit in der Armee ab, und ich kehrte ins zivile Leben zurück.

Zunächst fiel mir das sehr schwer. In der Armee hatte ich eine Nummer statt eines Namens. Ich war dazu ausgebildet worden, jeden Befehl fraglos zu befolgen und auch daran zu glauben, daß alles, was man mir befahl, korrekt war. Dies paßte überhaupt nicht zu einem zivilen Leben. Aber langsam normalisierten sich die Dinge wieder, und ich mußte mich wieder an die Zeit als Soldat erinnern. Die Sache, die dabei immer in den Vordergrund trat, war, daß ich meinem Kameraden in den Kopf geschossen hatte. Wo war er geblieben? Wie es ihm wohl ging? Hatte er überhaupt überlebt?

Nach einigen Jahren begann ich, selbst Nachforschungen anzustellen, was den Verbleib und das Wohlergehen meines Kameraden anging. Aber alle meine Versuche blieben ohne Erfolg. Ich traf mich mit alten Kollegen, von denen mir jeder etwas anderes erzählte. Dann, im Jahre 1996, entdeckte meine Frau Marion ein Buch, in dem genau dieser Vorfall geschildert wurde. Ich rief den Autor an, der den Mann in letzter Zeit leider auch nicht gesehen hatte, aber er hatte gehört, daß er jetzt in London lebte.

Mir war klar, daß ich wieder nicht weitergekommen war. In meiner Enttäuschung beschloß ich, die Lokalzeitung um Hilfe zu bitten. Sie veröffentlichten meine Geschichte und mein Photo in einer Wochenausgabe ihrer Zeitung. Innerhalb von 48 Stunden erhielt ich einen Anruf von der Person, nach der ich jahrelang gesucht hatte.

Es war eine schwierige Erfahrung. Nach einigen Gesprächen am Telephon vereinbarten wir, uns bei mir zu Hause zu treffen. Nach einiger Zeit kam er und brachte sogar Geschenke mit ... für den Mann, der ihn angeschossen hatte! Wegen meines Schusses war er halbseitig gelähmt und hatte Schwierigkeiten, zu gehen und einen Arm zu bewegen. Ich fragte ihn: „Können Sie mir jemals vergeben?" Er hat mich einfach nur umarmt. Er hatte mir schon vergeben.

John Plummer lebt heute sehr beschaulich als Methodistenpfarrer in einer verschlafenen Stadt in Virginia, aber das war nicht immer so. Als Hubschrauberpilot während des Vietnamkrieges war er 1972 daran beteiligt, einen Napalm-Luftangriff auf das Dorf Trang Bang zu organisieren – ein Luftangriff, der aufgrund des preisgekrönten Photos, das eines der Opfer, Phan This Kim Phuc, zeigt, in die Geschichte eingegangen ist.

Dieses Bild, das für viele Menschen das Wesen dieses Krieges veranschaulichte, verfolgte John die nächsten 24 Jahre: ein nacktes neunjähriges Mädchen mit verbrannter Haut, das schreiend und mit ausgestreckten Armen auf die Kamera zuläuft. Schwarze Rauchwolken türmen sich im Himmel hinter ihr.

Vierundzwanzig Jahre lang quälte ihn sein Gewissen. Er wollte das Mädchen unbedingt finden, um ihr zu sagen, daß es ihm leid tat – aber er konnte sie nicht finden. Zumindest als Land war Vietnam für ihn ein abgeschlossenes Kapitel; er hat es nie geschafft, das Land noch einmal zu besuchen. Freunde versuchten, ihm gut zuzureden. Hatte er nicht alles, was in seiner Macht stand, getan, damit die zivile Bevölkerung das Dorf räumte? Aber noch immer hatte er keinen inneren Frieden. Er zog sich in sich selbst zurück, seine Ehe zerbrach, und er begann zu trinken.

Dann, durch einen beinahe unglaublichen Zufall, traf John Kim auf dem Vietnam-Veteranentreffen 1996. Kim war nach Washington DC gekommen, um einen Kranz für den Frieden niederzulegen; John war mit einer Gruppe früherer Piloten gekommen, die noch immer nach Erlösung von ihrer Vergangenheit suchten. In einer Rede sagte Kim, daß sie nicht verbittert sei. Obwohl sie noch immer sehr an den Folgen der Verbrennungen leidet, wollte sie die Menschen wissen lassen, daß andere noch mehr gelitten hatten: „Hinter diesem Photo von mir gibt es Tausende von Menschen, die gestorben sind. Sie haben Teile ihres Körpers verloren. Ihr ganzes Leben wurde zerstört, und niemand hat sie photographiert."[16]

Kim sagte weiter, daß sie jenen Männern, die ihr Dorf bombardiert hätten, vergeben habe. Obwohl sie die Vergangenheit nicht ändern könne, wolle sie jetzt den „Frieden vorantreiben". John, völlig außer sich, drängte sich durch die Menge und schaffte es, ihre Aufmerksamkeit auf sich zu ziehen, bevor sie von einer Polizeieskorte zu ihrem Auto geführt wurde. Er gab sich als der Pilot zu erkennen, der für den Luftangriff auf ihr Dorf vor zwanzig Jahren verantwortlich war, und die beiden konnten zwei kurze Minuten lang miteinander reden.

> Kim sah meine Trauer, meinen Schmerz, meinen Kummer ... sie breitete ihre Arme aus und umarmte mich. Alles, was ich sagen konnte, war, „Es tut mir leid, es tut mir leid" – immer wieder. Und gleichzeitig sagte sie: „Ist schon gut, ich vergebe dir."[17]

Etwas später am selben Tag trafen sie sich noch einmal, und Kim sagte wieder, daß sie ihm vergeben habe. Seitdem sind sie gute Freunde geworden und telephonieren regelmäßig miteinander.

Hat John den Frieden gefunden, nach dem er gesucht hat? Er sagt ja. Obwohl ihn die Erinnerung an den Krieg noch immer aufwühlt, hat er jetzt das Gefühl, daß er sich selbst vergeben hat und das Ereignis hinter sich lassen kann.

John sagt, daß es sehr wichtig für ihn war, Kim von Angesicht zu Angesicht gegenüberzutreten, um ihr zu sagen, daß er wegen ihrer Verletzungen sehr erschüttert sei. Trotzdem sagt er, daß die Vergebung, die er erfahren habe, ein Geschenk sei – nicht etwas, das man sich erarbeiten kann oder das man gar verdient hätte. Schließlich ist es ein Geheimnis: Er kann noch immer nicht ganz verstehen, wie ein zweiminütiges Gespräch einen vierundzwanzigjährigen Alptraum beenden konnte.

Richard, ein anderer Vietnam-Veteran, ist ein freundlicher, ruhiger Mann, der Kinder und Pferde liebt. In den fünf Jahren, die ich ihn jetzt schon kenne, habe ich allerdings nach und nach erfahren, daß ihn Ereignisse quälen, die sich vor mehr als zwei Jahrzehnten zugetragen haben:

> Mein Denken kreist oft um den Tod. Die Tode, die ich verursacht habe – und mein eigener Tod, den ich mir ge-

wünscht habe – begleiten mich jeden Tag. Ich mache viele Späßchen und Scherze mit den Menschen, mit denen ich zusammenarbeite. Das muß ich auch, um den Schmerz zu verstecken und mich abzulenken und nicht zu sehr ins Grübeln zu geraten. Ich muß lachen. Wenn ich lache, dann werde ich nicht melancholisch.

Aber ich kann nicht lieben. Ein Teil meiner Seele fehlt mir, und es scheint, als ob ich ihn nie wieder zurückbekommen werde. Ich weiß nicht, ob ich mir jemals für all meine Fehler werde vergeben können. Ich lebe von einem Tag auf den anderen, aber ich bin immer müde – müde. Wird das jemals aufhören? Ich weiß nicht wie. So geht es mir jetzt schon fünfundzwanzig Jahre.

Menschen wie Richard wird oft zu Recht geraten, psychotherapeutische Hilfe aufzusuchen. Ihm würde es helfen, sich mit Menschen, die ähnliche Erfahrungen gemacht haben, auszutauschen, an einer Selbsthilfegruppe teilzunehmen oder eine Gruppentherapie zu machen. Richard hat all das schon versucht. Er hat schon überdurchschnittlich viele Therapeuten aufgesucht, und seit über einem Jahr besucht er Gruppentreffen von Vietnam-Veteranen. Aber noch immer hat er keinen Frieden gefunden.

Eine Therapie kann einem Menschen oft helfen, aber manchmal kann auch sie keine echte Lösung bieten. Ein guter Psychotherapeut kann einen Menschen ermutigen, ihm von seiner schwierigen Vergangenheit zu erzählen, aber wenn dies nicht von Reue begleitet wird und von der Erkenntnis, daß man Vergebung braucht, ist ein Eingeständnis der eigenen Schuld sinnlos.

Robert Coles, ein Psychiater aus Harvard, erinnert sich an eine bedeutsame Unterhaltung, die er einmal mit Anna Freud führte. Obwohl sie immer im Schatten ihres berühmten Vaters stand, war Anna selbst eine bekannte Psychoanalytikerin. Als sie über die lange und schwierige psychische Geschichte einer älteren Dame sprachen, kam sie plötzlich zu dem Schluß:

> Wissen Sie, bevor wir dieser Dame Lebewohl sagen, sollten wir selbst uns einige Fragen stellen: nicht, was wir denken sollen – das machen wir die ganze Zeit! –, sondern was wir ihr wünschen sollen auf dieser Welt. Oh, ich meine nicht Psychotherapie! Davon hat sie schon genug bekommen. Es würde wahrscheinlich mehr Jahre an Psychoanalyse brauchen, als der Herr ihr geschenkt hat ... Nein, sie hat genug von „uns", auch wenn sie es selbst nicht weiß ... Diese arme alte Dame braucht uns überhaupt nicht ... Was sie braucht ist Vergebung. Sie muß Frieden mit ihrer Seele schließen, nicht über ihr Denken sprechen. Irgendwo muß es einen Gott geben, der ihr hilft, der sie erhört, der sie heilt ... und wir werden bestimmt nicht diejenigen sein, die ihr in dieser Hinsicht helfen können![18]

Dieser Punkt ist sehr wichtig: Wir können keinen Frieden und kein Heil finden, wenn wir uns dem nicht stellen, was wir falsch gemacht haben. Aber ein Schuldbekenntnis an sich reicht noch nicht aus, um Vergebung zu erlangen. Manchmal ist der Mensch, dem wir Unrecht getan haben, unfähig oder nicht willens, uns zu vergeben. Manchmal sind wir selbst unfähig oder nicht willens, uns selbst zu vergeben. Vielleicht sollten wir in diesem Fall Gott um Hilfe bitten. Wir erfahren Vergebung als ein Geschenk der Liebe. Sie erreicht uns dort, wo wir das Gefühl haben, sie am wenigsten zu verdienen. Nur dieses Geschenk kann uns von tiefstem Herzen dazu befreien, anderen zu vergeben und uns selbst für Veränderungen zu öffnen.

Kapitel 11

Wie man Verantwortung übernehmen kann

> Im Bekenntnis konkreter Sünden stirbt
> der alte Mensch unter Schmerzen einen
> schmachvollen Tod vor den Augen des
> Bruders. Weil diese Demütigung so
> schwer ist, meinen wir immer wieder, der
> Beichte vor dem Bruder ausweichen zu
> können ... [Doch] in dem tiefen geistig-
> leiblichen Schmerz der Demütigung vor
> dem Bruder erfahren wir ... unsere Ret-
> tung und Seligkeit!
>
> *Dietrich Bonhoeffer*

*W*enn wir nicht erkennen, wie sehr wir selbst der Vergebung bedürfen, dann können wir auch anderen nicht vergeben. Tatsächlich aber reicht diese Erkenntnis allein noch
nicht aus: Wir müssen unsere Fehler jemandem bekennen.

Einige Menschen tun „Beichte" als seltsames, bedeutungs-
loses katholisches Ritual ab. Andere geben zu, daß Beichte –
egal, ob man einem Priester, Freund oder Therapeuten beich-
tet – sinnvoll sein kann, aber daß man auch ohne Beichte zu
innerem Frieden gelangen kann. Aber der Friede solcher Menschen ist oft, wie Tolstoj es ausdrückt, nichts anderes als
„eine Leblosigkeit der Seele".

Schuld arbeitet im Geheimen, und sie verliert ihre
Macht erst dann, wenn sie nach außen dringen darf. Unser
Verlangen, nach außen stark und tugendhaft zu wirken,
hindert uns oftmals daran, anderen gegenüber die Dinge zu
bekennen, die wir falsch gemacht haben. Statt dessen versuchen wir, unsere Fehler aus unserem Gedächtnis zu strei-

chen, und wenn das nicht gelingt, dann versuchen wir, unsere Schuld weiter zu verstecken. Aber wenn wir so handeln, dann häufen wir nur immer mehr Schuld an. Wenn wir uns dem nicht stellen, was wir falsch gemacht haben, und die Verantwortung dafür übernehmen, kann der Druck unerträglich werden.

Bedauern darüber, etwas falsch gemacht zu haben, hat nichts mit Selbstquälerei zu tun. Wenn wir nur auf unsere Fehler fixiert sind, dann werden wir sicher an ihnen verzweifeln. Deshalb müssen wir die Dinge ruhen lassen, nachdem wir bereut haben. Sie müssen sich setzen – sonst werden wir niemals klar sehen können.

Steve, ein alter Freund, der in den 60er Jahren in einem Vorort von Washington D. C. aufwuchs, schreibt:

Auf meiner Suche nach Frieden und Ganzheit habe ich mich mehreren Religionen zugewandt und Psychologie studiert, aber ich habe nur Teilantworten auf meine Fragen gefunden … Erst als ich erkannte, wie falsch ich mein eigenes Leben gelebt hatte, wurde mir klar, wie dringend ich mich selbst ändern mußte.

Die entscheidende Erfahrung machte ich ganz unerwartet, eines Tages im Jahre 1983, als mir zum ersten Mal das viele Unrecht, das ich begangen hatte, bewußt wurde. Dieser Erkenntnis stand vorher mein Stolz im Weg und mein Bedürfnis, vor anderen gut dazustehen. Aber plötzlich strömten Erinnerungen und Bilder aus mir hervor wie ein Fluß von Galle.

Ich wollte nur frei sein, ich wollte nichts Dunkles und Häßliches mehr in mir haben. Ich wollte das, was ich angerichtet hatte, so weit es ging wiedergutmachen. Ich konnte keine Entschuldigungen vorbringen, die mich hätten entlasten können – jugendlicher Leichtsinn etwa, die

Umstände oder der schlechte Einfluß von Freunden. Ich allein war verantwortlich für das, was ich getan hatte.

Seite über Seite schrieb ich dies alles detailliert auf. Ich hatte das Gefühl, daß der Racheengel mein Herz mit seinem Schwert schlug, so stark war der Schmerz. Ich schrieb Dutzende von Briefen an Menschen und Organisationen, die ich betrogen hatte, von denen ich etwas gestohlen hatte oder die ich angelogen hatte ... Schließlich fühlte ich mich vollkommen frei.

In *Die Brüder Karamasow* schreibt der große russische Romancier Dostojewski auf ähnliche Weise über einen Mann, der einen Mord bekennt, den er Jahrzehnte lang verschwiegen hat:

„Nach so vielen Jahren fühle ich zum ersten Mal wieder Freude und Frieden. Der Himmel ist in meinem Herzen ... Jetzt wage ich es, meine Kinder zu lieben und sie zu küssen."

Wirkliche Vergebung wird von Mensch zu Mensch weitergegeben und besitzt die Kraft, eine ganze Gemeinschaft, Stadt oder Region zu verändern.

Die Menschen in Möttlingen, einem Dorf im Schwarzwald, erlebten solch eine Bewegung im Jahre 1844, und es stellte ihr Leben auf den Kopf. Möttlingen ist heute ein ganz gewöhnlicher Ort, und damals war das nicht anders. Der inzwischen berühmte Pfarrer Johann Christoph Blumhardt beklagte sich sogar oft über die Apathie, die wie eine Nebeldecke über seiner Gemeinde lag. Aber eine Tafel, die an der Mauer eines alten Fachwerkhauses angebracht ist, bezeugt die bemerkenswerten Ereignisse, die das Dorf einst begeisterten: „Mensch, bedenk die Ewigkeit und spotte nicht der Gnadenzeit, denn das Gericht ist nicht mehr weit."

Die „Erweckung", wie es heute oft bezeichnet wird, begann an Neujahr 1843, als ein junger Mann, der für sein wildes Zechen und seinen Jähzorn bekannt war, an der Tür des Pfarrhauses klopfte. Nachdem er seinen Wunsch geäußert hatte, den Pfarrer zu sehen, wurde er hereingelassen. Er sagte Blumhardt, daß er eine Woche nicht mehr geschlafen habe und Angst habe zu sterben, wenn er sein Gewissen nicht erleichtere. Blumhardt blieb auf der Hut, und erst als der Mann begann, eine Fülle von Missetaten, wirklich schlimme und nicht ganz so schlimme, zu gestehen, verlor er sämtliche Zweifel an seiner Aufrichtigkeit.

So setzte eine bemerkenswerte Welle der Reue ein. Bis zum 27. Januar 1844 waren 16 Menschen zum Pfarrhaus gekommen, um ihr Gewissen zu erleichtern. Drei Tage später war die Zahl der Menschen auf 35 angestiegen. Zehn Tage später lag sie bei mehr als 150. Männer und Frauen aus den umliegenden Dörfern strömten nach Möttlingen.

Die Stimmung, die herrschte, hatte nichts mit der Rührseligkeit anderer religiöser „Erweckungen" zu tun. Es gab keine übertriebenen Verkündigungen, die reißerisch von Verfehlungen in der Vergangenheit berichteten, oder öffentliche Bekenntnisse der Reue. Die „Erweckung" war zu nüchtern und zu aufrichtig, viel zu verwurzelt in der Realität. Die Menschen fühlten sich innerlich angetrieben, mit ihrer Vergangenheit zu brechen: Sie waren tief betroffen und sahen sich plötzlich in all ihrer Häßlichkeit. Entsetzt hatten sie das Gefühl, ihr altes Leben hinter sich lassen zu müssen.

Am wichtigsten dabei war, daß diese Bewegung über Worte und Gefühle hinausging und Reue und Vergebung konkreten Ausdruck fanden. Diebesgut wurde zurückgegeben, Feinde versöhnten sich, Untreue und Verbrechen (ein Fall von Kindsmord eingeschlossen) wurden gestanden, und zerstrittene Eheleute versöhnten sich miteinander. Selbst die stadtbekannten Schnapsnasen ließen die Kneipen links liegen!

Jene, die die Authentizität dieser Erweckung in Möttlingen bezweifeln, brauchen sich bloß vergegenwärtigen, was sich damals ereignete. Obwohl sich Menschen in anderen Städten über die Menschen in Möttlingen lustig machten, beteiligte sich fast das ganze Dorf. Fast vierzig Jahre später, im Jahre 1883, schrieb der Biograph von Blumhardt, daß dieses Ereignis noch nicht in Vergessenheit geraten sei – selbst die Kinder jener Leute, die damals mitgemacht hatten, strahlten noch Freude aus. In den letzten dreißig Jahren bin ich mehrmals nach Deutschland gereist, um Blumhardts Enkelinnen zu besuchen. (Meine Eltern, die beide stark von seinen Schriften beeinflußt wurden, nannten mich nach ihm.) Ich kann bezeugen, daß etwas von diesem Geist noch heute lebendig ist.

War die Erweckung in Möttlingen ein Einzelfall? Könnte sich das gleiche noch einmal ereignen? Blumhardt glaubte fest daran: Immerhin war der Stein von nur einem reumütigen Mann ins Rollen gebracht worden.

*I*n vielen Fällen kann Unrecht durch eine einfache Entschuldigung aus der Welt geschafft werden – zum Beispiel, wenn wir kurz angebunden gegenüber jemandem gewesen sind oder es sonst an Mitgefühl haben mangeln lassen. Ich habe allerdings die Erfahrung gemacht, daß beabsichtigter Betrug oder Diebstahl nicht nur gebeichtet werden müssen, sondern darüber hinaus muß der Täter auch mit den Konsequenzen seiner Tat konfrontiert werden, wenn er ganz frei werden will. Es gibt Fälle, wo es mehr als eines privaten Bekenntnisses bedarf.

Stanley Hauerwas schreibt: „Eine Gemeinschaft kann es sich nicht leisten, die Sünden der Mitglieder zu ‚übersehen‘, weil sie gelernt hat, daß Sünden eine Bedrohung für eine Gemeinschaft sind, die in Frieden leben möchte.“ Mitglieder einer Gemeinschaft, die zusammenhält, werden nicht mehr ihren Groll für sich behalten. „Wenn wir glauben, daß unser Bruder oder unsere Schwester sich an uns versündigt hat, so richtet sich dieser Affront nicht nur gegen uns, sondern gegen die ganze Gemeinschaft.“[19]

Mark und Debbie haben dies selbst erlebt, als sie in einer kleinen Gemeinde an der amerikanischen Westküste lebten:

Über die Jahre konnten wir beobachten, welch furchtbare Folgen es haben kann, Unrecht zu ignorieren oder zu vertuschen. Wir lebten mit mehreren Leuten in einer kleinen Gemeinschaft in der Stadt. Unter ihnen befand sich auch ein alleinstehender Mann, der sich in eine verheiratete Frau verliebte. Einige von uns versuchten, Licht in diese Angelegenheit zu bringen, indem wir einzeln mit ihnen darüber sprachen. Aber wir haben es nicht geschafft, reinen Tisch mit ihnen zu machen.

Wir hatten Angst, daß wir zu bewertend auftreten würden, und deshalb wollten wir einfach glauben, daß es zwischen den beiden keine ernste Angelegenheit sei, zumindest nicht so ernst, daß es innerhalb der Gemeinschaft zum Thema gemacht werden sollte. Machen wir nicht alle Fehler? Was gab uns das Recht, über die beiden zu Gericht zu sitzen? Wir redeten uns selbst ein, daß Konfrontation nur dazu beitragen würde, daß sich die beiden noch mehr schämten und sich noch mehr haßten für das, was sie taten, und daß es auch den Kreislauf des Versagens verlängern würde. Also vermieden wir das Thema wie die Pest. Jetzt sehen wir, daß es dieses sogenannte „Mitgefühl" war, das den Kreislauf des Versagens aufrechterhielt.

Der Mann verließ die Gemeinschaft schließlich sowieso. Zwei Jahre später verließ auch die Frau die Gemeinschaft – und ließ sich von ihrem Mann scheiden.

Die Erfahrungen, die Mark und Debbie gemacht haben, sind sicherlich kein Einzelfall. Eine Ehe konnte zerbrechen, weil alle die Tatsachen ignorierten. Konfrontation ist manchmal von entscheidender Wichtigkeit, wenn es Vergebung geben soll, denn wenn sich jemand nicht mit dem, was er oder sie angerichtet hat, konkret auseinandersetzt, dann kann er oder sie Vergebung weder suchen noch erfahren. Wenn man sich weigert, Menschen darauf hinzuweisen, daß sie andere verletzen – weil wir zum Beispiel davon überzeugt sind, daß es uns nichts angeht –, dann kann das manchmal so sein, als ob wir die Menschen für das, was sie tun, entschuldigen. Und wie wir schon gesehen haben, bilden das Entschuldigen von Unrecht und die Vergebung diametrale Gegensätze.

In seinem Roman *Too Late the Phalarope* schildert Alan Paton einen geachteten Afrikaner, der auf dem Höhepunkt der Apartheid die „unverzeihliche Sünde" begeht: Er hat Sex mit einer schwarzen Frau. Als dies herauskommt, ist seine Familie am Boden zerstört. Seine Freunde lassen ihn im Stich, seine Verwandten verschmähen ihn, und sein Vater stirbt in Schande. Aber ein Nachbar quält sich mit der Frage, wie er reagieren soll:

> Ein Straftäter kann bestraft werden ... Aber Strafe ohne Rehabilitation ist das schlimmste aller Vergehen ... Wenn ein Mensch sich das Recht Gottes anmaßt zu strafen, so muß er auch Gottes Versprechen einlösen, wieder zu erneuern.[20]

Bekenntnis ebnet den Weg für Vergebung und Versöhnung. Ohne Versöhnung geraten wir in eine Sackgasse, und unser Stolz verhindert Vergebung. Als mein Schwiegervater Hans nach elf Jahren zurück auf den Bruderhof kam, schrieb er:

> Ich erwartete, daß man Steine nach mir werfen würde, aber nichts dergleichen geschah. Ich hatte ausreichend Gelegenheit, meine Fragen zu stellen und meine Bedenken offen zu formulieren, und jeder sprach ziemlich offen mit mir. Aber was mein Herz wirklich öffnete, war nicht nur diese Offenheit der Menschen; vielmehr war es ihre

Liebe, in der man die Verantwortung teilt – eine Liebe, die bereit war zu vergeben, weil sie selbst Vergebung erfahren hatte.

Es ging nicht darum, gegen die Menschen zu kämpfen, sondern gegen die Sache, die uns voneinander trennte. Kurzum, wir saßen alle im gleichen Boot. Die Dinge wurden nicht sentimental verklärt, sondern selbst die schmerzvollsten Tatsachen wurden im Bewußtsein gegenseitiger Achtung und Liebe angesprochen.

Hans war von der Liebe seiner Gemeinschaft gerührt, aber was seine Sturheit wirklich ins Wanken brachte, war die Bereitschaft der Menschen, ihn dafür um Entschuldigung zu bitten, daß sie ihm nicht immer gerecht geworden waren.

Sarah, ein weiteres Mitglied der Gemeinschaft, schreibt von der Freude und der Freiheit, die sie erlebte, als sie sich entschloß, reinen Tisch zu machen und neu zu beginnen:

Ich konnte nachts kaum schlafen. Etwas hämmerte in meinem Kopf: Ich mußte die Dinge richtigstellen! Ich besuchte einige Freunde, denen ich vertraute, und erzählte ihnen alles. Das half mir sehr, obwohl das, was ich beichtete, wirklich abscheulich war. In den darauffolgenden Tagen fielen mir noch mehr Dinge ein, und wieder konnte ich es kaum erwarten, sie loszuwerden. Ich erinnere mich, wie ich zu einem meiner Freunde nicht einfach gegangen, sondern gerannt bin, weil ich die Dinge so schnell erzählen wollte. Wenn man wirklich reinen Tisch macht, dann ist selbst die kleinste Sache nicht mehr unbedeutsam. Ich mußte gleich alles loswerden, was mir einfiel. Ich konnte nicht mehr länger warten.

Ich wußte gar nicht, daß es so viel Freude macht, zu bekennen und zu bereuen. Mir wurde leichter und leichter ums Herz.

Wie viele andere, die die Stärke gefunden haben, sich ihrer Vergangenheit zu stellen und um Vergebung zu bitten, erfuhr Sarah eine wunderbare Art der Befreiung. Sie hatte eigentlich erwartet, daß andere Mitglieder der Gemeinschaft sie aufgrund dessen, was sie in der Vergangenheit getan hatte, ablehnen würden und daß sie sie schneiden würden, wenn sie ihnen erst einmal davon erzählt hätte. Aber zu ihrer Überraschung stellte sie fest, daß sie ihre Aufrichtigkeit begrüßten und sie mit all ihren Fehlern akzeptierten. Als Sarah erst einmal Verantwortung für die Dinge übernommen hatte, die sie in der Vergangenheit falsch gemacht hatte, und als sie sich vornahm, neu zu beginnen, da stellte sie fest – und jeder von uns kann dies für sich herausfinden –, daß Bekenntnis Versöhnung ermöglicht.

Kapitel 12
Wie wir Gott vergeben können

Es ist nicht richtig, wenn man versucht,
alles Leid zu vermeiden. Genausowenig
ist es richtig, es stoisch zu ertragen. Leid
kann genutzt werden, es kann positiv verwandelt werden. Was ein Leben glücklich
oder unglücklich macht, hängt nicht von
den äußeren Umständen ab, sondern von
unserer inneren Einstellung.

Eberhard Arnold

Wenn wir von Vergebung sprechen, dann meinen wir damit gewöhnlich, daß wir uns die Verletzungen, die wir einander zugefügt haben, gegenseitig vergeben. Aber es gibt Fälle,
in denen man einfach niemanden verantwortlich machen
kann. Weil die Gefühle, die wir in diesen Situationen erleben,
oft die gleichen sind wie in Situationen, in denen man eindeutig einen Schuldigen ausmachen kann, halten viele von
uns – zu Recht oder Unrecht – Gott für verantwortlich. Gott
läßt es schließlich zu, daß wir ohne einen triftigen Grund und
zu Unrecht leiden. Voller Wut und Schmerz fragen wir: „Wie
kann ein gnädiger Gott dies zulassen?" Können wir Gott „vergeben"? Ich beabsichtige nicht, hier näher auf die Frage ein-
zugehen, ob es fair ist, Gott in Situationen wie diesen verantwortlich zu machen. Auf vielfache Weise ist es einfacher, die
Verantwortung bei Gott zu suchen und ihm zu vergeben –
selbst dann, wenn wir nicht einmal richtig an ihn glauben –,
als sich mit der Möglichkeit auseinandersetzen zu müssen,
daß vielleicht wirklich niemand verantwortlich ist. Wut ist
eine legitime Stufe des Trauerprozesses, selbst wenn es kein

offensichtliches Ziel gibt, auf das wir unsere Wut richten könnten. Wir müssen unsere Wut ausdrücken und uns mit dieser Wut auseinandersetzen, wenn wir eine Chance haben wollen, heil zu werden und unser Leben weiter zu leben.

Können wir also Gott vergeben, wenn wir ihn dafür verantwortlich machen, daß wir verletzt worden sind, genauso, wie wir anderen Menschen vergeben, wenn sie uns verletzt haben? Die Lösung dieses Problems liegt darin, daß wir die Bereitschaft entwickeln, aus unseren Erfahrungen zu lernen, an ihnen zu wachsen und jenen Zeiten in unserem Leben, die wir ansonsten völlig negativ betrachten würden, auch positive Seiten abzugewinnen. Wo es keinen offensichtlichen Grund für unser Leid gibt, müssen wir ihm einen Grund geben. Eine Krise muß nicht nur ein Desaster sein: Sie kann auch eine Chance sein.

Zohar Chamberlain, eine Freundin aus dem Kibbuz Kishor in Israel, hat ihr Bein bei einem Unfall verloren, als sie erst siebzehn Jahre alt war. Obwohl Zohar niemanden für das, was geschehen war, verantwortlich machen und deshalb auch niemandem vergeben konnte, war sie voller Wut über ihre Situation und sehr frustriert, daß sie plötzlich Dinge neu lernen mußte, über die sie nie weiter nachgedacht hatte.

Es geschah im Sommer 1987. Ich war siebzehn Jahre alt und wollte ein freiwilliges soziales Jahr als Gruppenleiterin in einem Jugendzentrum in Jerusalem machen. Nach vier Tagen schon mußte ich in den Norden reisen, und deshalb nahm ich einen Bus, der auf dem Busbahnhof abfuhr. Es war das Vernünftigste, was ich machen konnte. Ich bin nicht per Anhalter gefahren oder sonst irgendein Risiko eingegangen. Ich bin nur als Passagier mitgefahren.

Der Bus brauchte nur einige Minuten, um in die Yirmiyahu Straße hinunterzufahren, und der Fahrer hatte eigentlich gar keine Gelegenheit, aufs Gaspedal zu treten. Aber die Straße war rutschig durch Wasser und Seife, die als Abwasser von einem der anliegenden Restaurants auf die Fahrbahn geschüttet worden waren. Es scheint, daß der Fahrer einen Fehler machte und die Bremsen blockierte. Der Bus schlitterte in einen geparkten LKW. Achtzehn Menschen wurden verletzt, und ein Soldat und ein fünfjähriges Mädchen wurden getötet.

Ich kann mich an nichts erinnern, was den Unfall angeht, obwohl der Notarzt, der mich sofort nach dem Unfall versorgte, sagt, daß ich bei Bewußtsein war. Ich erinnere mich nur ganz vage an einige wenige Details aus dem Krankenhaus: wie ich meinen Personalausweis zeigen mußte und die Telephonnummern meiner Eltern angegeben habe, damit sie benachrichtigt werden konnten; wie meine Kleidung abgeschnitten wurde; an meine Mutter, die auf dem Weg vom Aufwachraum zur Intensivstation an meiner Seite war.

Erst am nächsten Tag teilte man mir mit, daß ich ein Bein verloren hatte. Meine Mutter kam zu mir ans Bett und fragte, ob ich wisse, was passiert sei. Ich sagte, daß etwas mit meinen Beinen nicht stimme, aber ich konnte sie nicht sehen, da ich flach auf dem Rücken lag. Ich glaube nicht, daß ich einen Schock erlitten habe, aber das lag vermutlich an all den Schmerzmitteln, die ich bekommen hatte. Ich blieb noch zwölf Tage auf der Intensivstation. Ich fühlte mich beschützt, obwohl ich unter schrecklichen Schmerzen litt, kaum meinen Kopf vom Kissen heben konnte und fast die ganze Zeit über hohes Fieber hatte. Man kümmerte sich um mich; noch wurde nicht von mir erwartet, daß ich selbst etwas machte, und ich hatte all die Unterstützung und liebevolle Pflege, die man sich nur wünschen kann.

Dann, kurz vor dem jüdischen Neuen Jahr, wurde ich in die orthopädische Abteilung verlegt. Die Ärzte kamen zu dem Schluß, daß mein rechtes Knie nicht gerettet werden könne und sagten mir, ich müsse noch einmal operiert werden, um mein Bein bis kurz über dem Knie zu amputieren. Dies war viel schwerer zu ertragen, und ich brach in Tränen aus, als ich einem guten Freund, der mich besuchen kam, davon erzählte.

Mich von dieser zweiten Operation zu erholen war ein sehr schwieriger Prozeß. Ich litt besonders an Phantomschmerzen in meinem amputierten Bein. Was die Sache noch schwieriger machte war, daß die Ärzte mir sagten, so etwas gebe es nicht. Diese vier Wochen waren eine Zeit, in der ich mich wirklich sehr hilflos fühlte. Ich war mir schmerzlich meiner Schwäche und meiner Unfähigkeit, mich um mich selbst zu kümmern, bewußt (meine Familie und meine Freunde standen mir die ganze Zeit über zur Seite), und das machte mich sehr wütend. Ich war ein sehr unabhängiger Mensch gewesen, und plötzlich war ich wieder ein Baby. Es war nicht einfach, die Stärke aufzubringen, Dinge zu tun, die ich früher mit der allergrößten Selbstverständlichkeit getan hatte und die jetzt fast unmöglich geworden waren.

Ich weiß nicht, was für ein Mensch ich geworden wäre, wenn dieser Unfall nicht passiert wäre, aber ich glaube, der Unfall hat mich stärker werden lassen. In gewisser Weise hat mir die Einsicht und die Auseinandersetzung damit, daß ich andere um mich herum brauche, deutlich gemacht, wie wichtig Gemeinschaft ist. Anstatt mich nutzlos zu fühlen, weil ich bestimmte Dinge nicht kann, habe ich herausgefunden, daß ich, wenn ich zugebe, daß ich die Hilfe anderer Menschen brauche, zu einem ganz anderen Menschen werde. Vor meinem Unfall habe ich oft auf Leute herabgeschaut, die sich im Leben nicht selbständig zurechtfinden konnten. Jetzt habe ich gelernt, andere Menschen so zu akzeptieren, wie sie sind, weil ich gelernt habe, sie um Hilfe zu bitten.

*I*n meinem eigenen Leben habe ich mich oft in frustrierenden Situationen befunden und wollte manchmal Gott dafür verantwortlich machen. Einmal bin ich Angeln gegangen, und zwar im Norden des Staates New York – ich habe zwar nichts gefangen, aber es war eine willkommene Gelegenheit, dem Druck der Arbeit für einige Tage zu entkommen.

Auf dem Weg nach Hause bemerkte ich, daß ich langsam aber sicher meine Stimme verlor. Ich ignorierte meine Heiserkeit anfangs und dachte, das würde schon wieder werden. Dies war allerdings nicht der Fall, also wurde ich schon bald an einen Spezialisten überwiesen, der diagnostizierte, daß meine Stimmbänder gelähmt seien. Er versicherte mir, daß sich meine Stimme schon wieder erholen würde, aber Wochen und dann Monate verstrichen, und es veränderte sich gar nichts. Der Arzt verordnete mir, gar nicht zu sprechen – ich durfte noch nicht einmal mehr flüstern. Ich machte mir Sorgen, ob ich wohl jemals wieder würde sprechen können.

Hinzu kam, daß unsere Gemeinschaft just zu diesem Zeitpunkt unbedingt eine starke Führung brauchte. Wir befanden uns mitten in einer Art Krise – einer Zeit intensiver Selbsterforschung –, aber während der ganzen Wochen lebhafter und manchmal kontroverser Diskussionen konnte ich nur schweigend dasitzen.

Ich wollte mich so sehr in diesen Treffen einbringen, aber das ging nicht. Mir wurde plötzlich bewußt, welch ein Geschenk die Sprache ist. Frustriert und entmutigt konnte ich noch nicht einmal mit meiner Frau und meinen Kindern sprechen, sondern mußte ihnen alles aufschreiben. Ehrlich, ich war ziemlich wütend. Als Christ und Ältester unserer Gemeinschaft konnte ich nicht verstehen, warum Gott mich zu einer Zeit, in der ich doch so nötig gebraucht wurde, mit Stimmlosigkeit strafen konnte.

Drei Monate später kam meine Stimme zurück; jetzt, fünf Jahre später, ist sie fast wieder normal. Aber ich habe diese zwölf Wochen nicht vergessen können. Rückblickend erkenne ich, daß meine Unfähigkeit zu sprechen mir dabei half, demütiger und flexibler in bestimmten Situationen im Leben zu reagieren. Ich habe nach und nach gelernt, mir meine eigenen Fehler einzugestehen und das Beste aus einer ungünstigen Situation zu machen. Ich erinnere mich immer an diese Phase in meinem Leben, wenn ich in Zeiten der Krise oder der Frustration versucht bin, Gott verantwortlich zu machen.

Andrea, eine Frau in unserer Gemeinschaft, hatte innerlich ganz andere Nöte zu akzeptieren: Sie hatte drei Fehlgeburten, bevor sie ein gesundes Kind zur Welt brachte. Manchmal hatte sie das Gefühl, daß diese Last einfach zu schwer war.

Neil und ich haben uns so sehr gefreut, als wir erfuhren, daß ich nach nur sechs Monaten Ehe schwanger war. Aber eines Nachts, kurz vor Weihnachten, fühlte ich plötzlich starke Schmerzen, die schnell schlimmer wurden. Unser Arzt wollte mich ins Krankenhaus schicken, und unsere Nachbarin, eine Krankenschwester, blieb bei mir, bis wir in die Stadt fuhren. Sie bestätigte meine bösen Ahnungen – ich würde vermutlich mein Kind verlieren. Der emotionale Schmerz war mindestens genauso schlimm wie der körperliche. Warum, Gott? Warum ausgerechnet ich? Warum nimmst du diese winzige Seele so schnell zu dir? Was habe ich falsch gemacht?

Damit ich überlebte, mußte ich operiert werden. Ich verlor das Baby, und es dauerte Wochen, bis ich mich erholt hatte. Wie anders dieses Weihnachten plötzlich war!

Wir betrauerten unseren Verlust und fühlten uns allein in unserem Schmerz. Als einer unserer Verwandten zu uns sagte: „Kopf hoch! Vielleicht habt ihr das nächste Mal mehr Glück", da hatte ich das Gefühl, als ob mir jemand ins Gesicht schlüge. Glück? Wir hatten gerade ein Baby verloren, einen wirklichen Menschen, unser Kind!

Jemand schickte mir eine Karte, auf der stand: „Der Herr gibt, und der Herr nimmt, gesegnet sei der Name des Herrn." Das regte mich wirklich auf. Wie konnte ich Gott für diese schreckliche, schmerzvolle Erfahrung danken? Das konnte ich nicht. Und ich konnte mich nicht von dem Gedanken befreien, daß Gott mich irgendwie bestrafen wollte, obwohl ich nicht verstehen konnte, warum.

Der Seelsorger in unserer Gemeinschaft tröstete mich. Gott ist ein Gott der Liebe, nicht der Bestrafung, und er ist da, um unseren Schmerz zu lindern. Ich klammerte mich an seine Worte, wie sich ein ertrinkender Mensch an einen Strohhalm klammert. Neils liebevolle Unterstützung schien wie ein sichtbares Zeichen seiner Liebe, und wir entdeckten, daß unser Schmerz uns auf neue Weise einander nahebrachte. Der Psalm „Den Abend lang währet das Weinen, aber des Morgens ist Freude" tröstete mich ganz besonders, selbst wenn ich diese Freude nicht wirklich fühlte und dachte, daß der Morgen nie anbrechen würde.

Im Laufe der Zeit und dank der Liebe der Menschen um mich herum begann ich langsam zu fühlen, daß diese sehr schmerzvolle Erfahrung mir eine dunkle Ahnung der Liebe Gottes geschenkt hatte, dem das Leiden der Menschen nicht egal ist und der mir, das ist meine Überzeugung, ganz nahe ist, wenn es mir schlecht geht. Gott wurde wirklicher für mich, und ich begann, seiner Liebe zu vertrauen.

Aber dann, einige Monate später, als ich ein weiteres Baby erwartete und fieberhaft hoffte, daß alles gutgehen würde, passierte das gleiche noch einmal. Starke Schmerzen, Notaufnahme im Krankenhaus und eine Operation, um mein Leben zu retten. Wieder war ein kleines, wertvolles Wesen, nur kurz nachdem es entstanden war, verloren. Tiefer Schmerz zerriß mein Herz. Ich schrieb in mein Tagebuch: „Ich kann nicht einsehen, warum; vielleicht werde ich das nie verstehen können. Ich brauche die Sicherheit des Glaubens – Hilf mir!"

Neil stand mir treu zur Seite. Er hatte vor Jahren eine Schwester verloren, die an Krebs gestorben war, und was er damals geschrieben hatte, war eine Quelle großen Trosts: „Wir sind nur physisch von Gott getrennt, und diese Distanz ist vielleicht nicht einmal groß." Ich klammerte mich mit aller Kraft an diese Worte.

Langsam, über Wochen und Monate hin, ließ der Schmerz des Verlustes nach, obwohl er nie ganz wegging. Ein Jahr später haben wir noch einmal ein kleines Baby verloren. Noch einmal litt ich furchtbar, aber ich verzweifelte nicht mehr über der Frage: Warum?

Heute ist Andrea Mutter einer hübschen sechsjährigen Tochter. Obwohl die Erinnerung an ihre ersten drei Schwangerschaften eine Flut an Gefühlen in ihr auslöst, ist sie nicht verbittert. Sie versucht, ihrem Leid etwas Positives abzugewinnen. Sie glaubt nicht nur, daß sie aufgrund ihrer schmerzvollen Erfahrungen ihren Mann, mit dem sie durch die Hölle gegangen ist, stärker liebt, sondern sie weiß es nun besonders zu schätzen, eine Tochter geschenkt bekommen zu haben.

Jonathan und Gretchen Rhoads, ein junges Paar in unserer Gemeinschaft, haben 1995 geheiratet. Sie warteten ungeduldig auf die Geburt ihres ersten Kindes. Alan wurde nach einer scheinbar gewöhnlich verlaufenden Schwangerschaft geboren, und erst, nachdem er aus dem Krankenhaus nach Hause gekommen war, merkten seine Eltern, daß etwas mit ihm nicht stimmte. Er aß nicht gut, und seine Muskeln waren sehr schwach ausgebildet. Er lag immer sehr still da, fast ohne sich zu bewegen. Wenn er atmete, gab er ab und zu komische gurgelnde Geräusche von sich. Er wurde schnell in eine in der

Nähe gelegene Uniklinik eingeliefert, aber erst als er drei Monate alt war, konnte man feststellen, worin sein Problem bestand: Wahrscheinlich würde er nie gehen oder reden können. Er war blind, und seine Hüften, sein Gehirn, seine Ohren und sein Magen wiesen starke Fehlbildungen auf.

Alans Eltern waren völlig verstört. Lange schon hatten sie vermutet, daß etwas nicht stimmte, aber sie hätten nicht gedacht, daß es so schlimm sein würde. Sofort begannen sie, sich selbst die Schuld zu geben, und es dauerte nicht lange, ehe sie Gott anklagten: Warum ausgerechnet wir?

Jonathan sagte einmal zu mir, daß er wütend sei, aber als ich näher nachfragte, konnte er nicht sagen, gegen wen sich diese Wut richtete. Gegen sich selbst? Gretchen? Die Ärzte? Gott? Ja, vielleicht, aber er konnte nicht erklären, wieso.

Eine Sache, die man schnell lernt ist, daß man sein Kind nicht mit anderen vergleichen darf. Das Kind unserer Nachbarn ist genauso schwer wie Alan, aber es ist noch nicht einmal halb so alt wie Alan. Es kann eine Flasche in einer Viertelstunde trinken. Für uns sind zehn Gramm schon ein großer Erfolg. Warum? Darauf gibt es keine Antwort. Entweder haßt uns Gott, oder dies ist einfach die Art, wie Alan sein soll. Wir werden den Grund vielleicht nie erfahren, aber wenn wir mit unserem Schicksal hadern, dann nimmt uns das nur alle Freude, die wir sonst vielleicht haben könnten.

Als sie sich in ihrer Not an mich wandten, versicherte ich Jonathan und Gretchen, daß sie in keinster Weise für das Leiden ihres Sohnes verantwortlich seien. Ich sagte ihnen, daß jedes Kind ein Geschenk Gottes sei und daß Alan ein besonderes Geschenk sei, denn er kann uns beibringen, wie wir geduldig und mitfühlend werden. Wie alle Kinder, die mit einer Behinderung geboren werden, erinnert er uns daran, was wirklich im Leben zählt. Er befreit uns von dem Kreislauf des „Immer schneller, immer mehr" und hilft uns, unsere Prioritäten im Leben neu zu ordnen. Kinder wie Alan haben die Fähigkeit, das Beste in uns hervorzurufen und uns wieder mit unserem wirklichen Selbst in Kontakt zu bringen.

Die Eltern von Alan kämpfen noch darum zu vergeben. Es ist nicht einfach. Es gibt Zeiten, da möchten sie einfach davonrennen und nicht noch einen Besucher ertragen müssen, der ihnen bedeutungslosen Trost zuspricht. Jetzt, wo Alans erster Geburtstag naht, ist vieles wieder ungewiß. Vor kurzem wurde ein Luftröhrenschnitt gemacht, und Alan wird jetzt über Sonden ernährt. Hinzu kommt, daß man ihn neulich auch noch am Blinddarm operieren mußte. Wieviel wird er noch leiden müssen?

In einer Welt, die „Pränatale Diagnostik" ermöglicht (und einen anschließenden Abbruch der Schwangerschaft) und darin die Antwort auf behinderte Kinder sieht, sind Alans Eltern Zeugen des unschätzbaren Wertes eines jeden Kindes. Sie beteuern, daß Alan keine genetische Anomalie ist. Er ist ein Mensch, der uns eine Menge zu sagen hat, und sie werden ihn nicht gehen lassen. Gretchen schreibt:

Seine kleine Hand streckt sich mir durch ein Gewirr von Leitungen entgegen, um meine Wange zu finden. Wenn ich mich zu ihm beuge, um ihn aus seinem Bettchen hochzuheben, dann öffnen sich seine Augenlider kurz und er gibt mir ein verschlafenes Lächeln ... In den elf Monaten seit seiner Geburt mußte Alan fünf Mal für längere Zeit ins Krankenhaus; wir haben schon vor langer Zeit aufgehört, die einzelnen Arzttermine zu zählen. Jedes Mal kehren wir mit mehr Fragen und weniger Antworten, mit mehr Tränen und weniger Gewißheit nach Hause zurück. Aber wenn er sich an mich kuschelt und neugierig um sich schaut, dann lächelt er. Wie er seine Situation annimmt, ist Balsam für meine Seele.

Wieviele Schmerzen wird er noch ertragen können?

Welche neuen Hürden werden uns erwarten? Sein Luftröhrenschnitt hat uns die wenigen kleinen Abenteuer genommen, auf die wir uns gefreut hatten: Flaschen und die Möglichkeit, festes Essen auszuprobieren. Freudiges Gurgeln und Laute der Frustration gibt es auch nicht mehr.

Wenn er überlebt, so sagt uns der Arzt, dann wird er später diese Schläuche nicht mehr nötig haben. *Wenn er überlebt.* Die Worte gehen uns durch Mark und Bein, und dennoch gibt uns sein Lächeln weiterhin Hoffnung. Er bringt uns jeden Tag bei, das Unveränderliche zu akzeptieren – und dadurch zu vergeben.

Nachwort
Alle Dinge neu

> Ob auch dein Anspruch Recht ist, so
> bedenke,
> Daß, ging es nur nach Recht, von uns
> nicht einer
> Erlösung fänd: Drum beten wir um
> Gnade,
> Und dies Gebet muß uns auch alle lehren,
> Gnade zu üben.
>
> *William Shakespeare,*
> *Der Kaufmann von Venedig*

Wer vergibt, beweist Stärke. Vergebung befreit uns von unserer Vergangenheit, indem wir alles Böse überwinden. Es kann sowohl den Menschen heilen, der vergibt, wie auch den Menschen, dem vergeben wird. Tatsächlich könnte Vergebung die ganze Welt verändern, wenn wir es nur zuließen, daß uns diese Kraft ungehindert durchdringt. Aber wie oft stehen wir dem Vergeben im Weg und wagen nicht, dieser Kraft freien Lauf zu lassen. Wir halten die Schlüssel zur Vergebung in unseren Händen, und wir müssen uns entscheiden, ob wir sie jeden Tag benutzen wollen oder nicht.

Im letzten Jahr habe ich mich zweimal mit einem Mann getroffen, der im Todestrakt von Connecticut auf seine Exekution wartet. Michael, siebenunddreißig Jahre alt, hat seinen Abschluß an einer renommierten amerikanischen Universität gemacht. Er ist außerdem ein Serienmörder und Vergewaltiger. Niemand kann bezweifeln, wie abscheulich seine Verbrechen sind, und genausowenig kann es sich jemand erlauben, für die Familien der Opfer zu sprechen. Das würde auf jeden Fall bedeuten, daß man das unvorstellbare Leid, das diese Eltern weiterhin quält, herunterspielt und ihren Schmerz leichtfertig abtut. Aber dennoch dürfen wir nicht vergessen, daß sich auch Michael verzweifelt nach Vergebung und Heilung sehnt:

> Ich habe wirklich sehr große Schuldgefühle: ein Gefühl starker, überwältigender und alles durchdringender Schuld, die meine Seele mit dunklem, quälendem Selbsthaß, mit Reue und Schmerz überschattet ... Am allermeisten sehne ich mich nach Versöhnung: Versöhnung mit dem Geist meiner Opfer, mit ihren Familien und Freunden, und schließlich mit mir selbst und Gott.

Können wir solch einem Mann Vergebung vorenthalten? Sollten wir ihn nicht als einem Mitmenschen begegnen, und zwar als einem Mitmenschen, der wirklich furchtbare Dinge getan hat?

Zu Beginn dieses Buches habe ich über einen Mann berichtet, der ein siebenjähriges Mädchen ermordet hat. Ich habe die Frage gestellt, ob solch einem Mann vergeben werden kann. In den Monaten, die verstrichen sind, seit ich ihn das erste Mal getroffen habe, hat dieser Mann erstaunliche Veränderungen durchgemacht. Während er zu Beginn gefühllos war und sein Verbrechen als das unvermeidliche, wenngleich furchtbare Resultat der Mißstände in der Gesellschaft betrachtete, so übernimmt er jetzt Verantwortung für das, was er getan hat. Und er hat angefangen, sich seines eigenen Bedürfnisses nach Veränderung und Vergebung bewußt zu werden – und um andere Menschen zu weinen, anstatt um sich selbst. Als ich mich mit diesem Mann traf, sah ich, wie er sich seinen Verbrechen stellt und langsam beginnt, die Verantwortung dafür zu übernehmen und Reue zu zeigen.

Kann man solch einem Mann vergeben? Wenn wir wirklich an die verändernde Kraft der Vergebung glauben, dann müssen wir glauben, daß man ihm vergeben kann. Wir dürfen seine Verbrechen natürlich nie verharmlosen oder stillschweigend darüber hinwegsehen. Aber wir dürfen ihm auch nicht von Beginn an die Möglichkeit nehmen, sich zu ändern. Letztlich, wie schon Martin Luther King richtig erkannt hat, hat Vergebung die Kraft, einen Feind zu einem Freund zu machen. Tatsächlich hat Vergebung das Leben jener, deren Geschichten in diesem Buch geschildert wurden, verändert. Sie hat das Dorf Möttlingen in den 40er Jahren des letzten Jahrhunderts verwandelt. Wir müssen daran glauben, daß Vergebung auch heute noch die ganze Welt verändern kann.

Informationen zum Bruderhof können kostenlos angefordert werden unter folgender Adresse:
Darvell Bruderhof
Robertsbridge, East Sussex

TN32 5DR, England

Tel. +44 (0) 1580 88 33 44

Oder über website: www.Bruderhof.org

Anmerkungen

1 C. S. Lewis, *Readings for Meditation and Reflection*, hrsg. Walter Hopper (New York: HarperCollins, 1996), 63.

2 Gordon Wilson mit Alf McCreary, *Marie: A Story from Enniskillen* (London: Marshall Pickering, 1991), 92–93.

3 Ebd.

4 Stephen und Patti Ann McDonald mit E. J. Kahn, *The Stephen McDonald Story* (New York: Donald I Fine, 1989), 133–136.

5 *The Words of Martin Luther King, Jr., Strength to Love* (London: Fount, 1977), 37–48, 51–52.

6 Martin Luther King jr., *Kraft zum Lieben* (Konstanz: Christliche Verlagsanstalt, 1968), 61–62; 66–67.

7 Ebd., 62–63; 70–71.

8 Robert Coles, „The Inexplicable Prayers of Ruby Bridges", zitiert in Donald W. Shriver, *Studies: An Irish Quarterly Review* 78 (1989), 148–49.

9 Naim Stifan Ateek, *Justice, and Only Justice: A Palestinian Theology of Liberation* (Maryknoll, NY: Orbis Books, 1989), 68–69.

10 Zitiert in Carol J. Birkland, *Studies: An Irish Quarterly Review* 78 (1989), 167.

11 C. S. Lewis, *Fern Seed and Elephants, and Other Essays on Christianity* (London: Fount, 1977), 40–42.

12 M. Scott Peck, *The Different Drum: Community Making and Peace* (New York: Simon & Schuster 1987), 226–227.

13 C. S. Lewis, *Readings for Meditation and Reflection*, hrsg. von Walter Hooper (New York: HarperCollins, 1996), 130.

14 Dietrich Bonhoeffer, *Widerstand und Ergebung*, Hrsg. Eberhard Bethge (Siebenstern-Taschenbuch 1, 1968) S. 37.

15 C. S. Lewis, *Readings for Meditation and Reflection*, hrsg. von Walter Hooper (New York: HarperCollins, 1996), 63–64.

16 *Christian Century*, 19. Februar, 1997, 182–184.

17 Ebd.

18 Robert Coles, *Harvard Diary: Reflections on the Sacred and the Secular* (New York: Crossroads, 1990), 177–180.

19 Stanley M. Hauerwas, *Christian Existence Today: Essays on Church, World, and Living in Between* (Durham, NC: Labyrinth Press, 1988), 91.

20 Alan Paton, *Too Late the Phalarope* (New York: Charles Scribner's Sons, 1953), 264–265.

Psychologie

Hans Jürgen Schultz
Schmerz
Dimensionen einer Empfindung
Band 4617
Die Autoren gehen den verschiedenen Dimensionen dieser Empfindung
auf den Grund und geben Hinweise, wie man mit ihnen umgehen kann.

Verena Kast
Sich wandeln und sich neu entdecken
Band 4477
Wie man Verlusterlebnisse meistern, Lebenskraft freisetzen und zu
neuer Lebensleidenschaft aufbrechen kann.

Gerhard Wehr
Selbsterfahrung mit C. G. Jung
Die Entdeckung des eigenen Ich
Band 4376
Wie man sich mit den tiefenpsychologischen Erkenntnisssen C.G. Jungs
selbst besser kennenlernt.

C. G. Jung
Ein großer Psychologe im Gespräch
Interviews, Reden, Begegnungen
Band 4346
Die packende Begegnung mit einem faszinierenden Kenner der
menschlichen Seele und bedeutenden Wissenschaftler.

Erich Fromm
Leben zwischen Haben und Sein
Herausgegeben von Rainer Funk
Band 4208
Wie können wir die Kunst des Lebens neu erlernen? Antworten, die
überzeugen. Mit zahlreichen bisher unveröffentlichten Texten.

HERDER ╱ SPEKTRUM

Erfahrungen

Lee Hoinacki
„El Camino" – ein spirituelles Abenteuer
Allein auf dem Pilgerweg nach Santiago de Compostela
Band 4620

„Hoinacki wandert nicht. Er pilgert. Ein moderner Mensch entdeckt auf faszinierende Weise, was Pilgersein heißt" (Ivan Illich).

Ruth Pfau
Das letzte Wort wird Liebe sein
Ein Leben gegen die Gleichgültigkeit
Band 4513

Die deutsche Lepraärztin erzählt von ihrer Arbeit, ihren Krisen und von ihren Träumen.

Ruth Pfau
Verrückter kann man gar nicht leben
Ärztin, Nonne, Powerfrau
Band 4436

Illegal im Afghanistan-Krieg. Allein auf Himalaya-Pfaden. Zupackend im Elend der Städte. Eine atemberaubend starke Frau, die vor den Mauern der Not nicht haltmacht.

Reinhold Messner
Die Grenzen der Seele wirst du nicht finden
Michael Albus im Gespräch mit einem modernen Abenteurer
Band 4503

Messner ganz anders: Das faszinierende Porträt eines Grenzgängers.

Evelyn Friedlander
Ich will nach Hause, aber ich war noch nie da
Eine jüdische Frau sucht ihr verborgenes Erbe
Band 4410

Die Geschichte einer Powerfrau, ehrlich, temperamentvoll und voll Witz. Zugleich ein packendes Dokument deutscher Wirklichkeit.

HERDER / SPEKTRUM